JN065861

子供がこえる学び

東京学芸大学附属小金井小学校 編著

東洋館出版社

はじめに

学校長　鈴木 明哲

　本校では、平成29年度、全体研究主題として「『こえる学び』を生む学習環境デザインの追究－子供が自分の学びを見る目を育てる－」というテーマを設定し、この3年間、校内研究を積み重ねて参りました。その成果の一端を、今回、本書のような形で発表させていただきます。

　さて、本校が目指してきた「こえる学び」とは、何か。まずは本書の冒頭に位置する、研究部長による「『こえる学び』を目指して」をご一読いただくと、素朴に、どのような経緯から本校がこの研究主題を指向するようになったのか、おわかりいただけることと存じます。そして次に研究推進担当による詳細な説明をご一読いただくことにより、本校の「こえる学び」を構造的に理解することができるかと思います。この章では、特に「こえる」、とあえて平仮名書きにしてある意図を感じ取っていただけると幸甚です。

　本書の特徴は、教員一人ひとりが全体の研究主題に基づいて、それぞれの単元を紹介し、独自の説明を加えている点にあります。単元名のあとには、どのような授業なのか、わかりやすいように、各自がそれぞれ工夫を凝らしたタイトルを付けています。本文において、特にご注目いただきたいのは、「3. 実践」の中に挿入された「子供のこえる姿が見えた瞬間」という記述であり、本書の「核心」であります。子供たちの「生きた姿」そのものでもあります。子供たちが「こえる」、その「瞬間」は、まさに「一瞬」であり、この「一瞬」にしか現出しなかった貴重な「姿」を切り取り、書き残してあります。読者の皆様には、この「瞬間」の「ライヴ」感が伝わりますことを願っております。また、それぞれの単元には、「本実践を支える授業づくりのポイント」という説明も加えており、その単元を支える授業者独自の観点や工夫をわかりやすく提示してございます。

　以上、本書の特徴を紹介させていただきました。本書が読者の皆様の授業づくりに、多少なりともお役に立つことができれば望外の幸いでございます。

第1章 「こえる学び」について

第2章 「こえる学び」の実践

第3章 小金井小学校の生活

第1章

「こえる学び」について

「こえる学び」を目指して

　国は、これから訪れる社会を「Society 5.0」と位置付け[1]、様々な教育施策を行っています。Society とは、現在の情報社会を Society 4.0 とし、その前に、「狩猟社会 1.0」「農耕社会 2.0」「工業社会 3.0」があり、人類史的な大きな社会体制の変化を意味しているようです。昭和生まれの私などは、まだまだ工業社会 3.0 を引きずっていますが、確かに、コンピュータが一般化したこの 30 年間ぐらいの生活の変化を冷静に振り返ると、いわゆる情報化によって社会変革と呼べるような変化の時代のまっただ中にいることは理解できます。しかし、4.0 に向けての変化の途中だというのにもう 5.0 です。Society 5.0 とは、「サイバー空間（仮想空間）とフィジカル空間（現実空間）を高度に融合させたシステムにより、経済発展と社会的課題の解決を両立する、人間中心の社会（Society）」だそうです。つまり、4.0 の社会で課題となったことを新たなシステムにより解決する社会が 5.0（超スマート社会）です。そして、その新たなシステムを担うのが AI や IoT、ビッグデータ等の ICT です。

　AI が教育に及ぼす影響は、少なくないようです。2013 年に外国の研究者によって、「コンピュータ・AI による技術革新によって、10 年後になくなる職業の予測」が発表[2]されて以来、ICT の発達に対する漠然とした不安感からか、大きな話題になっています。また、日本でも、「ロボットは東大に入れるか」プロジェクト[3]が 2011 年に始まり、AI が人間の能力を超える「シンギュラリティ」が議論されたりしています。そんな中で、このプロジェクトのリーダであった新井紀子氏は、著書『AI vs. 教科書が読めない子どもたち』[4]の中で、シンギュラリティは「到来しません」と断言されています。また、このプロジェクトも、2021 年度 "入学" を目指していましたが、2016 年に「現状のAI の能力には超えられない様々な壁があり、今の技術の延長ではそれを乗り越えられない」として終了させています。しかし同時に、「迫ってきているのは、勤労者の半数を失業の危機に晒してしまうかもしれない実力を培った AI

と、共に生きていかざるを得ない社会」が到来すると警鐘を鳴らしています。つまり、AI は東大には入れないが、既存の雇用を半分奪ってしまうというのです。また、何でも ICT に任せておけば、「うまくやってくれる（社会的課題の解決）」ということはなさそうです。そんなこれからの時代を生きる、これからの時代をつくっていく子供たちにどのような力を培えばよいのでしょうか。

AI に負けない力とは、AI の弱点の裏返しということになります。AI の弱点は、「万個を教えられてようやく一を学ぶこと」「応用が利かないこと」「柔軟性がないこと」「決められた（限定された）フレーム（枠組み）の中でしか計算処理ができないこと」[5] などだそうです。その裏返しとしての "AI に負けない力" とは、一聞いて十分かる理解力、応用力、柔軟な思考力、決められた枠組みを超える発想力や自ら枠組みをつくる創造力であるでしょう。

私たちが、本書の「こえる学び」の研究を始めたのは 2017 年でした。その際の問題意識は、目の前の子供たちが、「真面目で前向きに取り組み知識も豊富だけど、実感や自分事が薄かったり、試行錯誤や粘り強い追究に淡泊だったりする」という危機感でした。AI 時代の危機感と重なるところがあります。AI が「解無し」と答える課題に対して、どうにか「納得解」を導き出せるような、柔軟な思考力や枠を跳び越える力、粘り強い追究力を育みたいと考えています。

（研究部長　牧岡　俊夫）

1) 第 5 期科学技術基本計画（2016 年 1 月閣議決定・内閣府）
2) オックスフォード大学のカール・フレイ氏らが 2013 年に発表した雇用の未来についての論文「The Future of Employment」
3) 国立情報学研究所を中心として 2011 年から 2016 年にかけて行われたプロジェクト
4) 5) 新井紀子（2018）『AI vs. 教科書が読めない子どもたち』東洋経済新報社

「こえる学び」を生む学習環境デザインの追究

❶ 「こえる学び」とは何か

　「こえる」を漢字に変換すると、「超える」「越える」「肥える」等がある。「超える」は、限界を超えるやある基準を超えるという場合に使われるように、自分の学びの限界をつくらず、または、自分が知っていることやできることで満足せずに、今の自分を超えていく学び。「越える」は、障壁を乗り越える場合に使われるように、できないことや苦手なことを克服したり一人では難しい課題をみんなで乗り越えたりするような学び。「肥える」は、野菜が日光や水分、肥料を十分に吸収し大きく育つように、「今、ここ」で学んだことを栄養にし、小学校6年間をこえて、未来に役立つ学び。大枠では、このような学びを「こえる学び」と考えている。

　具体的には、例えば、国語科の物語教材で定番と言われる「ごんぎつね」（新美南吉）を読む授業で、「こえる学び」とは、どんな学びだろうか。「ごんぎつねは、ごんがつぐないとして兵十にまつたけやくりを持っていっていたのに、ごんだと気付いてもらえずにうたれてしまって悲しい」と読み取ることができて「こえる学び」と言えるだろうか。本校では、これも学んできた過程によっては、「こえる学び」と考える。また、子供自らが「ごんぎつね」にある悲哀を他の物語と比べて読もうとしたり、読み始めた頃は何とも気にならなかった最後の「青いけむりが……」に着目して「普通けむりは白いのに青いっていうのは〜」というような新たな発見ができたりすることを通して、物語を読む楽しさや学ぶよさに気付くことも「こえる学び」である。

　では、「こえる学び」は、何でもありなのか。否である。多様なのである。それは、本校が「生きた知識」を獲得することが学びだと捉えているからである。「生きた知識」について、今井（2016）は、「知識の断片的な要素がぺたぺた塗り重ねられて膨張していくものではない。常にダイナミックに変動していくシステム」と述べる。これは、知識を増やすことが学びではなく、今ある知

識を修正したり調整したりしなが
ら、学び続ける力なのだと捉えて
いる。

　詳しくは、実践編に委ねるが、
子供が、教師がデザインした学習
環境によって、もしくは、教師が
デザインしなかった学習環境にお
いて、子供自らが、自分や友達の
知を「創造」、「更新」、「改変」、「拡張」、「変容」、「発展」、「成長」している姿
が、「こえる学び」である。

❷　学習環境デザインの追究

　本校の子供たちは、選抜されて入学していることもあり、知識が豊富であっ
たり、知的好奇心が高かったりする実態がある。一方では、知っていることに
満足してしまっている子、知的好奇心が偏ってしまっている子もいる。同時
に、自己主張や自己表現が強い、大きな「声」に圧倒されて自分の「声」は内
に秘めてしまう子も少なくない。つまり、子供は子供なのである。教師が意図
して、子供の成長を促さなければならないのは、一般の学校とも同じなのであ
る。

　本研究は、平成29年度から取り組んでいる。前身として、平成26年度から
3年間、「理解を深め、知を創造する子の育成」という研究主題を設定し、「教
師が教える」授業ではなく、「子供が自ら学ぶ」授業への転換を図り、学習環
境をどうデザインするかということに取り組んできた。そのまとめとして、
『子供の学びをデザインする』（東洋館出版社）を上梓した。

　『子供が学びをデザインする』（下線、筆者）という表題でもよかったように
思われるが、あくまで教師も学習環境の一つになって、意図していたり意図で
きなかったりする「教師と子供の協働実践の場」（石黒，214）として子供主体
の授業及び学習環境をデザインするというコンセプトだからこそ、『子供の学
びをデザインする』（下線：筆者）なのである。「こえる学び」も前研究のコン

「こえる学び」イメージ図

セプトを継続している。教師が頑張って子供を「こえさせる」のではなく、子供自らが「こえよう」とする学習環境をいかにデザインするかを目指しているのである。したがって、学習環境デザインの「追究」なのである。

❸ 研究の視点—「こえる学び」と学習環境デザイン—

　学習環境のデザインには、「空間、活動、共同体」（美馬・山内）という視点や教師の仕事として「テーマを設定する、コミュニケーションを組織する、認識を共有する」（秋田・藤江）等の視点がある。本校では、「こえる学び」を生む学習環境を、具体的な授業場面でデザインするために子供が「没頭」、「実践」、「往還」する学習環境のデザインを研究の視点として取り上げる。

（1）没頭

　没頭するということは、意識してできることではなく、様々な条件や環境が作用してできる状態をいう（鹿毛, p.9）。集中、熱中、夢中という姿を含んでいる。このように、課題や対象に向かうことで、知的にも情意的にも身体的にも、自分でも知らぬ間に内在する力を発揮できるようなデザインを考えたい。

（2）実践

　学んだことを試行していくことが大切である。それは、子供が自分の学びを自覚することにもつながる。授業の中でも、単元の中でも、実の場という学習環境をデザインできればよいのだが、現実的には難しい場合が多い。したがっ

て、未習や未知のこと、多様な方法や考え方がある課題について、これまでの知識や技能、経験等を駆使して解決していくようにデザインする必要がある。

（3）往還

　自分の学びを創造したり更新したりするためには、直線的に課題や問題に進むだけでなく、自分のこれまでの知識と課題や対象の間を行ったり来たりして考える時間が必要である。このような過程を通して、課題や対象が自分事となっていくと推察する。さらに、課題や対象への関わりを深めるために、他者との関わりが必要となる。このような場面をデザインすることは、教師の直接指導を超えて、子供同士が学ぶ場を創出する。そして、自分が何を解決しようとしていたのか、自分は何をできるようになりたかったのかを振り返りながら、自分の学びの成長を実感していくことが、次の「学びたい」や「学んでよかった」という主体性や意欲を生み出すと考える。

❹　結びにかえて（「こえる学び」イメージ図参照）

　「こえる学び」は多様な学びと述べた。したがって、「没頭」、「実践」、「往還」という学習環境のデザインによって、どのような「こえる学び」の姿を目指すかは、各教科、各授業者に委ねている。そして、この「没頭」、「実践」、「往還」という学習環境デザインは、それぞれが連動している授業もあれば、独立している授業もある。これもまた、多様にデザインできる。多様な学びは多様なデザインという寛容な研究環境の中にあって生まれるものと考える。しかし、私たち教師は、その授業の中にある子供の学びにしっかりと目を向けていなければ、子供が「こえる学び」を見ることはできない。

研究推進　成家　雅史

参考文献

秋田喜代美・藤江康彦（2010）『授業研究と学習過程』放送大学教育振興会
石黒広昭（2016）『子供たちは教室で何を学ぶのか－教育実践論から学習実践論へ－』東京大学出版会
今井むつみ（2016）『学びとは何か　探究人になるために』岩波新書
鹿毛雅治（2013）『学習意欲の理論―動機づけの教育心理学―』金子書房
美馬のゆり・山内祐平（2005）『「未来の学び」をデザインする』東京大学出版会

これからの学びとして、「こえる」学びを捉える

東京大学教育学研究科　秋田喜代美

❶ 小金井小の研究の３つの魅力

　東京学芸大学附属小金井小学校は、2017年から３年間に渡り、「『こえる学び』を生む学習環境デザインの追究」というテーマで学校全体が研究をしてこられている。この研究にはこれからの学びを考えたときにとても大事な３つの魅力が含まれていると考えられる。

①「こえる」学びの姿の探究

　第一の魅力は、「こえる」を平仮名書きにすることで、これからの教育の向かう道を単純化せず、多義的多層的に表そうとしているところであり、そこにかなもじ表記をした遊び心のある姿である。英語で表すならば「beyond」「across」「over」などの表現がある。今大事にされていることの一つは「これまでの授業や学びを越える」という意味でのbeyondを教師も子どもも目指すということである。つまり自分自身の枠組みや能力の限界を超えて、それを拡張していくことで、これまでの教師が設定した目標や目当てとしての「できる」、「わかる」までの水準を超えて、それぞれの児童も教師も持てる限りの力を拡張してさらに越えて探究していくという意味あいを指すものとして捉えることができる。まさに教育の質、学びの質として、これまでの授業を超える挑戦という意味合いが含まれるだろう。本校では、単元や授業のなかでも、何をこえるのかということを教師が意識することで、本書の中では「めざす『こえる学び』」と記された節だてにおいてそれらが具体的に学習の活動と学びの道筋として記されている。この教師の中でこえた姿の思い描きこそが子どもたちの学びを見とる目としてとても重要なこととなる。これは垂直軸を超える姿である。そして現在コンピテンシーベースの学びということが言われがちである。しかし本校の研究は、コンテント（内容）とコンピテンシーの両面の同時育成が重要であることをきちんと示している。

そしてもう一つの軸は水平軸として、教科、単元の枠、学年の枠など大人側が決めた枠組みを越えた横断的な学びとしての「across」としての子どもたちの学びの姿である。横断的というと、総合的な学習の時間などが意味されることが多い。しかし探究によって新たなつながりが学習材や学習の中でつながり生まれてくるという横断的な学びがある。本校の特徴は、教科固有の枠組みを大事にしている点である。しかしその中で「こえる学び」を意識することでいろいろなことが繋がっていく。そしてそれによって、第三に斜めの軸かもしれないが、学校の中の学びが学校だけではなく、家庭での経験や学びと学校での学びを架橋するという意味での越える「over」を生み出していく。既習と新たな学びの経験のつながり、異なる場でのつながりなどをつなぎつなげていくのは、子ども自身であり、一人ではなく仲間とだからこそつながっていき学びが積み上がっていく。

そのような姿を学びの多様性を包含して、「こえる」の一言を当て、教員其々が、「こえる学びって？」と問うきっかけを生みだし、教師自らが探究しようとする姿の中にこの学校のあり方が見える。

そして大事なことは「こえる」をこえたらそれっきりではなく、往還の重要性を述べていることである。立ち戻ったり、ふりかえったりしながらの行きつ戻りつする姿が、学びを深めることであるという実践感覚に裏付けられたこの指摘は、単純に直線的に伸びる線型的増加や変化としての学びのイメージではなく、学ぶときには時に揺さぶられ、困ったり、後戻りする子どもの姿を捉える温かな眼があると言えるだろう。失敗やできないときこそがつぎに超えていくための、醸成のときであり、子どもの学びにとって貴重な時間であるという眼差しを示す思想と言えるだろう。

ジョン・デューイは「もし私たちが昨日教えてきたように、明日の生徒を教えたならば、私たちは生徒の未来を奪うことになるだろう」と言う言葉を述べている。「こえる」学びは、子どもも教師も明日に向かって未来を創りだそうとする学びの姿である。それを本書は自分たちで示そうとする挑戦の書ということができるだろう。

②学習環境をデザインする

　特徴の第2には、指導ではなく「学習環境のデザイン」を大事にされていることである。これは、教師が、指導―計画―実行―評価の PDCA 型のサイクルを学ぶという発想ではない。デザインと計画は時に同義に使う人もいるが、状況と対話し、目の前の子どもたちの実態に合わせ、学びの時間をカリキュラムとしてデザインし、また学びの場を環境としてデザインし、そこで使う道具等も考えることが、学習環境のデザインなのである。Design- Dialogue-Documentation は3つの D とも呼ばれる。環境をデザインし、教材や学び手同志が対話し、そしてこえていく子どもの姿を見取るからこそそこに記録し振り返ることが意味を持つことになる。

　テクノロジーが学びを創るのではない。しかしどのようにテクノロジーを使うことで学びを見える化し深めるための支援が作れるのかという本校の先生方の工夫がこの本の中にはさまざまな形で掲載されている。オンラインチャットツールや自己モニタリングシート、ホワイトボードや振り返りカードなどが実際にどのようにデザインされて、いかに子どもたちによって使われているのか、また学びの場として教室だけではなくどのような方法でさまざまな場が使われているのか、そこで教師が記した黒板や子どもの言葉などが本書では言葉だけではなく写真によって紹介されている。デザインは指導案のような計画ではないからこそ、直線的に文字だけでは表せない。それを本書は具体的にどのような学習環境をデザインしようとしているのかが、頁数の関係で限られたスペースではあるが、そのポイントが記されている。

　そしてわすれてはならないのは、学習環境は教師が構成し与えるものではなく、子どもたち自身もまた協働的に構成していくものであるということである。子ども自らが参加し構成していく余地が大きくなるほど、子どもたちは愛着を持って自分たちの学びを創りだしていくことができることを、本書の姿は伝えてくれる。

③「自分の学びを見る目を育てる」という視座

　本校の研究では、副題として言葉にはなっていないが、子どもが「学びを見る眼を育てる」ことも考えてこられている。このことは、ブーメランのように教師は何をどのように見ているのかという問いとして返ってくる。それを本書では「子どものこえる学びの姿が見えた瞬間」としてそれぞれの先生が意識して語られている。学びの姿をとらえ、さらにこえたと思える瞬間をとらえることは、大勢の子どもたちを対象に行っている授業では容易なことではない。しかし専門家である教師にとっては、何をどのように教えるのかということと同時にそしてそれ以上に今、子どもたちの学びをどのように見通し、みとり、そして見守るのかが問われている。なぜなら子どもたちが主体的に学びを進めるための学習環境をデザインしていくためには、この学びを見る目がない限り、誰にでもどこでも汎用の計画や指導案はできても、目の前の子どもにぴったりのデザインはできないからである。大事なことはそのために「姿」を捉えていることである。学校教育目標や研究主題の大きな抽象的な言葉をいかに掲げても、大事なことはそれが具体的にその学校ではどのような子どもの学びの過程や姿になって表れているのかを共有できない限り、具体的な学びの深化は生じえない。その意味でも本書に記された「こえた」姿の一つ一つをみると、そこには本校の教師がどれだけ心を配り、一人一人の子どもの学びを見ようとしていたかが伝わってくるだろう。

　本書がこれまでの類書と最も違う点は、この「こえる」姿が見えた瞬間を具体的に提示しようとしたという挑戦であると私は思う。執筆者全教科全学年の教員がそれぞれにその姿を記述している。そこには個別具体的な子どもの言葉をとりあげての書き方もあれば、同じ課題に向かいながらもどのような多様な表れの姿があったかを記しておられる方もある。そしてこの姿の記述で大事なことは、教師自身が子どもたちの学びから何かを見出したり、それに心揺さぶられたりしたかが感じられる記述になっている点である。

　子どものどのような姿を私たちは価値づけ意味を与えもとめていくのか、その具体を教師一人一人の声として本書は伝えてくれている。

❷　小金井小の学校研究に学ぶ学校創りの視点

　本書は３年間の研究のまとめとして、それぞれの教科を分担し、それぞれの授業での実践を述べている。そこには今までに述べてきた３つの特徴がある。と同時に、本書全体から、私たちが学びたいのは、学校における研究の体制である。共通した大きな研究の枠組みと同時に、一人一人の教師が自分たちのこれまでの授業をさらに「こえる学び」をつくろうとする歩みが見える。　そして何をそれぞれの教師はめざしたいのか、それを自分の言葉で語り実践を引き受けることの姿が本書には表れている。

　たとえば国語でも「子どもから発生した問いを中心に物語世界への没頭から自分の読みの変容を生みだす」、「対立軸を持って読んできた自分の読みを相対化して読みを更新する」「時間を越えて同一登場人物間でもこころの交流が描かれていることを読むことができる」といったようにそれぞれがより具体的にどのような読みの姿を求めるのかを考え実践を通してそれを書くというような教師の探究が生じている。また食育というように教科とは異なる活動においても「五感を没頭して味わうことにより、味覚についての知識を更新し、味わい方が拡張され、そしてそれが習慣化していく」というように書かれている。

　いわゆる学校全体が一つの教育方法や教育の姿を求めていくのではなく、教師が協働し合いながらもその中で一人一人が自分の実践者としての責任を引き受け探究し、具体的な実践を通して子どもの姿を提示し合うことでさらに深く学ぶという体制が取られている。

　最近は校内研修や校内研究というと教師がいかに参加して対話し合うかという方法論の議論に目が向きがちである。それに対して本書は教師の対話と協働、子どもの対話と協働を前提としながらも、それぞれに教科の本質や真正な学びへの探究を進めることで、今の自分から一歩超えたあらたな明日の自分へと子どもも教師も超えていく学びが可能かを示そうとしているということができよう。

　実は私は、本校のライブ授業を一度も参観することなく、この前書きを書かせていただいている。学校の生の授業を見ずに書くという無責任なありように

私自身は、研究者として恥じ入り忸怩たる思いをもちつつ、この原稿を書かせていただいている。しかしまた本書のお一人お一人の言葉の中から学ぶことによって、私は公開研究会等でこれからこの学校の先生方の授業を見通しを持って参観でき、新たな出会いの経験を持つことができるのではないかという期待を持っている。なぜならここには、子どもも教師も夢中になって没頭して授業づくりに取り組み、さまざまな「こえる」に挑戦することで、学びの未来が見えるからである。つながり合いまなび合う権利が一人一人に保障されている学校、それによって今日の私を超えて、さらに新たなもう一つの私に気付き出会いがうまれていく学校。このような学校の研究書に執筆の機会を頂いたことに心からの感謝の意を記したい。

第 2 章

「こえる学び」の実践

単元名 きつねのおきゃくさま

物語の現実世界をこえて、物語を豊かに想像する授業

成家 雅史

　子供たちの想像力というのは、生活経験の少なさから大人より貧弱と言われる。本作品においても、自分の体験と結びつけて読もうとしても、「はずかしそうにわらってしんだ」ことは分からないだろう。だが、2年生の子供だからこそ、考えられる空想の世界があるだろう。例えば、「きつねは天国で幸せにくらしていると思う」というような想像ができる環境、楽しむ環境をデザインすることが必要であると考える。

1 めざす「こえる学び」

　本実践の「こえる学び」として、物語の現実にある悲しい「死」の先の世界を、物語の世界観に共感して想像する読むことの授業を目指す。

　小学校の国語科では、「死」がある物語が多い。物語に「死」があれば、子供たちは、「悲しい話」として感想をもつ。このような子供の読みは、「死」に対して畏怖の念を抱かせたり、命を尊いものとして考えさせたりすると考える。しかし、物語の読み手としては、「死」を「悲しい」とだけ読んでいては、物語の現実世界をこえて想像しているとは言い難い。

　本作品で言えば、「そのばん。きつねは、はずかしそうにわらってしんだ。」という叙述をどう読むかということが、きつねが「神様みたい」と言われて喜んでいた思い、「いや、まだいるぞ。きつねがいるぞ。」と言って飛び出した思いに共感して読んできたかということにつながる。それは、「自分の体験と結びつける」という読みをこえた、想像的で創造的な読みの実現である。

2 「こえる学び」を生む学習環境デザイン

・物語の世界へ没頭する音読活動

　2年生の発達段階では、物語を声に出して読む、音読が好きである。宿題で何度も音読することも声に出して読む楽しさを味わうのかもしれないが、やはり学級のみんなと声を合わせたり役割で読み分けたりすることの方がもっと楽しさを味わえる。本単元では、物語の世界へ没頭するスイッチとして音読活動を取り入れる。

・物語の世界を広げる発問

　音読活動の長所と反対のことを述べるようだが、2年生の言語活動というと、動作化を通して登場人物に同化し、行動から気持ちを具体的に想像するという取り組みを多く目にする。しかし、登場人物に同化すると、自分や友達が演じる物語世界に没入してしまい、一歩引いて作品世界を見る（読む）ことができなくなる（図のA）。物語の現実世界（登場人物の行動や出来事）をこえる（それらから想像できること）ためには、（図のB）にあるように、物語の現実世界から空想世界を物語の世界観に寄り添って、読み手である自分の読みを広げる発問が必要と考える。

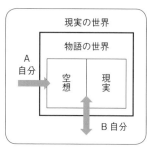

図

3 実践

(1)「どっちのせりふ？」が物語への没頭を生む

　教師の読み聞かせ後、子供たちと、音読で『きつねのおきゃくさま』を読み始めた。地の文、きつね、ひよこ、あひる、うさぎ、おおかみの読みたい役割を決めて、それぞれの役割ごとにかたまって読んだ。あらかじめ想定はしていたが、「いや、まだいるぞ。きつねがいるぞ」で声がごちゃまぜになった。「なんで、きつねが読むの？」「ここは、きつねのせりふでしょ」と

いう声が噴出する。「どっちのせりふ？」という問いが生まれた。この姿はこえているわけではないが、こえる過程において大変重要であると捉えている。

（2）子供同士の問いの往還が読みを変容させる

「いや、まだいるぞ。きつねがいるぞ。」ときつねがおおかみと戦ったことは、切っても切り離せない。そして、このきつねがおおかみと戦ったことが、この物語の山場であり、世界観を物語っている。したがって、きつねがおおかみと戦ったことを考えることが「いや、まだいるぞ。きつねがいるぞ。」がどちらのせりふなのかを解釈する根拠となる。そこで、次のような問いが生まれた。

①きつねがおおかみと戦ったのは、お礼（ひよこたちがほめてくれた）なのか
　獲物の奪い合いなのか。

最初は、お礼 5 人、獲物の奪い合い 11 人、どちらとも言えない 13 人という結果であった。しかし、坂本の意見から変容していく。

往還

子供のこえる姿が見えた瞬間　①について、A 児の発言と他児の呼応

坂本「最初は太らせて食べようと思っていたんだけど、だんだん、反対にやさしいとか言われて、うれしくなってだんだん、みんなを育てたい⑦なって気持ちが…（他の子供らが「強くなってきたー」）。それでもおおかみが、ひよこたちを食べようとしたから、まだいっしょにくらしたい⑦というので、戦ったんだと思う」（下線は筆者による）

「育てたい」（下線⑦）という意見に対し、以前に学習感想に原が書いた②「きつねは本当はやさしいのか悪いのか」という疑問に対して、次のような交流がつながる。

菅野「ひよこにやさしく食べさせたところで、やさしく食べさせたって書いてあるから、やさしいんだと思う」

阿部「やさしく食べさせたときに、神様みたいに食べさせた。だから、どんどんやさしくなってきたんじゃない」

岡本「坂本くんが言ったように、だんだんやさしくなったっていうのは本当

かもしれないけど、おおかみが出てきて、自分のために戦ったのかもしれない。だって、「まるまるふとってきたぜ。」ってあるから、自分のために戦ったんじゃないかな」

子供のこえる姿が見えた瞬間　②について、子供の発言同士の「なんで?」

田口 「じゃあ、なんで、命をかけて、人生をかけて戦ったんだ。ひよこたちを食べさせた方が早かったんじゃないの」

小林 「あの、だんだん食べにくくなってきた。どんどん「やさしい」とかいっぱいいいことを言われて食べようとしたけど、食べにくくなって。それで食べたらかわいそう⑦だし、食べにくそうだし、あと「親切なお兄ちゃん」とか言われたのに、「凶暴な悪魔」とか言われそうだから①、おおかみと戦ったんじゃないかな」

原 「初めてやさしいと言われたから、それを言ったひよこがうそつきになったらかわいそうだから②、親切なお兄さんとか神様みたいなお兄さんを本当にしてあげた」（下線はいずれも筆者による）

4 まとめ

　本項では、子供から発生した問いを中心に、物語世界への没頭から自分の読みの変容という、子供の物語を学習する過程における「こえる学び」を記述した。

　具体例としては、子供のこえる姿が見えた瞬間にある下線①から⑦を取り上げた。この時点では、まだ「悲しい」の先を考えた読みにはなっていないが、①では、きつねの行動からきつねの心情を具体的に想像している。この姿は、物語の現実世界から一歩空想世界に入り込もうとしている。その後、岡本の現実的な意見が出るが、これに対し、田口、小林、原は、共感的に物語の世界観に浸ることができている。下線⑦①②は、きつねがやさしいか悪いかという議論をこえて、物語の世界が「こうであったらいいな」「こうじゃないかな」という想像世界を創造している読みになっていると見ることができる。

悲しみ、死、ファンタジーという文脈の カリキュラムデザイン

❶ カリキュラムデザイン

　カリキュラムマネジメントは、ばらばらのパズル片を型にはめていって、一枚の絵が出来上がるイメージである。カリキュラムデザインは、粘土のように形を変えたり付け加えたりしながら作品が出来上がるイメージである。物語を読むときも、例えば「この作品はこう読む」ために、教師が仕掛けていくのではなく、子供の読みが変形したり言葉の認識が更新したりするような単元を構成していくということが、カリキュラムデザインという考え方である。

　子供が、悲しみを乗り越えて読むということは、悲しかったり、死があったりするからといって、「悲しいお話だ」という感想で終わらせないということである。そのためには、単元前の絵本の読み聞かせが有効である。『でんでんむしのかなしみ』は、様々な悲しみがあることを教えてくれる。

　『マッチ売りの少女』と『イーダちゃんの花』は、物語の中に現実的な死があるが、マッチ売りの少女は、死の前に楽しかったおばあちゃんとの生活を思い出し、イーダちゃんは、花が舞踏会で踊っているのを想像し、死を受け入れていく。悲しいだけの死を乗り越え「生」を精一杯生きることに向かう。このような作品と出会い、世界観を共有しておくことが２年生の子供たちにとって、悲しいお話を読んで「悲しい」と感想をもつだけの読みをこえる学びとなると考える。

『でんでんむしのかなしみ』
（新美南吉・作）読み聞かせ
C「人間にいじめられる」
C「足が遅い」など
『マッチ売りの少女』
『イーダちゃんの花』
（H・C・アンデルセン作）
読み聞かせ
『きつねのおきゃくさま』

単元前の流れ

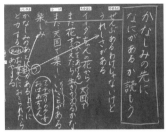

（中略）

アンデルセン読み聞かせ後の板書　　『きつねのおきゃくさま』初発の板書

② 物語の世界を広げる発問

　カリキュラムをデザインすれば、子供が物語の想像を広げられるかと言われれば、難しいと答える。それは、子供は経験の貧しさから想像力が貧弱だからである。だから、物語を読んで想像することを楽しく鍛えていくのである。そのためには、教師の発問が大切である。突拍子もないことを想像させることではなく、物語の世界観に寄り添った想像が広がるような発問でなければならない。本単元では、2つの発問で『きつねのおきゃくさま』にあるファンタジーな面を子供たちは読んでいった。

発問①　「はずかしそうにわらってしんだ」はどういう死か。

夢の中では楽しいことを考えていて、楽しいことが夢に出ていたんじゃない。

もしかすると、天国で幸せにくらしたり、ひよこたちと仲良く過ごす夢を見ているんじゃないかな。

発問②　もし、おおかみが来なかったらきつねたちはどうなったか。

悲しい→きつねの思いはかわらず、ひよこたちは食べられていた。うれしい→ひよこ、あひる、うさぎと楽しくくらす。

※例示の子供のように、二つの世界を想像している子供がいた。

単元名 ちいちゃんの気持ちをおいかけよう

対立軸をもって読み進めることで読みが更新され読書生活をも見つめる授業

大塚 健太郎

本単元は、子供だけでは手に取りにくい物語作品を、いかに子供たちの認識の中に置くか。物語を読むことの価値を読書生活という視点から捉え直すきっかけとするために、今もっている言語環境や想像力から出発し、思考力を働かせやすい対立軸を読み進める過程に置くことにより、自分の読みが更新されることを期待し、その更新はやがて、自身の読書生活に思いを馳せるきっかけとなることをも目指したい。

1 めざす「こえる学び」

　物語を学習集団で読むことは、楽しいこと、面白いことなどを追究していくことであった学びの姿から、マイナスイメージのある物語からでも学びは成立し価値ある物語が存在するのだと、認識が拡張することをねらった単元である。

　そのために、初発の感想から容易に出てくるだろう「ひとりぼっちで死んでしまって悲しい」と「天国で家族と再会できてよかった」という一見反対ともとれる2軸を中心として、同じ物語を読んでも、大きく違う感想が生まれる背景には、何があるのかを探っていく学びの枠組みをつくっていく。その感想には子供が作品世界に没頭した結果が表出されており、なぜそのような感想が生まれたのかを追究する過程を魅力あるものとするため、2軸の対立を教師が仕掛ける形をとった。

　また、その物語の感想が生まれる背景は、読者である子供がどの場面や言葉に心惹かれたかの差である。その解釈や根拠となるテキストの差異を言葉のもつ豊かさとし、その差異が生まれる背景には、その子の言語生活が反映されて

いると考える。その差異こそが学習集団と自己内対話の往還によって、物語が自分に及ぼす意味を更新してくれることになるだろう。

2　「こえる学び」を生む学習環境デザイン

・分かりやすい2軸で自分の解釈と向き合わせる経験の積み重ね

　自分の解釈を意識できるように学年発達に応じて2軸を意識させて、意見交換を積み重ねてきた。その中で違う読みをしている子の意見に触れ、自分の解釈が揺らいだり深まったりし、相対化できるようになってきた。また、意見を修正したり、変更したりすることに対する抵抗感が低くなり、意見交換による思考操作が柔軟になってきた。

3　実践

（1）本時までの様子

　マイナスイメージのある物語は読んでいない子供たちに、『ちいちゃんのかげおくり』と出会わせる。読み聞かせでその世界観に引き込む。初読の感想を交流すると、ちいちゃんに対して「かわいそう」「一人で生きてえらい」「家族と再会できてよかった」の大きく3つのグループに分かれた。また、空に帰っていく場面は、一読では理解できず不思議な場面となった。そこで、同じお話から違う感想や意見が出てきていたり、解決できない不思議が残っていたりしているので、みんなで解釈を交流しながら読み深めていくための学習課題「ちいちゃんの気持ちをおいかけよう」ができた。

　その後、初読時に場面の構成を押さえたものを利用し、場面ごとにちいちゃんの行動だけをまず洗い出し全体で確認し、そのときの心情がどのように変化していったかについて意見交流を行った。場面を重ねるごとに、重層化していき本時の「天に昇っていく不思議な場面」の解釈に向かった。

（2）不思議な場面の追究

　まず、本時の学習場面の範囲を確認した後、ちいちゃんがしたことを板書で上半分に時系列に挙げていき、下半分にはそのときの気持ちを発表していった。

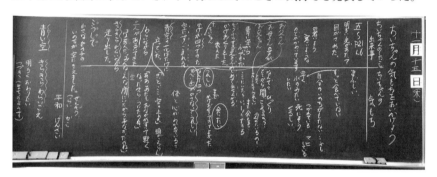

　前半の「暑いような寒いような」という場面では、まだ意識があるから喉が渇くのであって、意識があると感じている。しかし、後 往還 半の「きらきら笑いながら走り出した。」では、以前学習した、『わすれられないおくりもの』で、死を覚悟したアナグマが、長いトンネルを走って寿命を迎えるシーンを読んでいるため、その場面と重ねて読み進め、ここではもうちいちゃんは亡くなっていることは納得できたようであった。次第に発言は重なり、この場面は現実なのか、ちいちゃんの夢の中なのか、そんな 没頭 重なった命が空に消えていく場面であることが分かってくる。家族と以前楽しんだかげおくりの様子を最後に思い出しているのだという子、そこに４つの影ができるとは、自分も加わったことであるから、現実ではないと判断できるとする子、戦争の現実から一時逃避している夢であり、最後は空の上で家族に会えたからちいちゃんは、一人ぼっちではなくなってよかったと思う子、やっぱり死んでしまった現実を深く受け止めなければいけない悲しい話であると感じる子と、今までの学習から解釈を重ねて自分の読みをこえていく子が続出。互いの意見が互いを刺激し合い、より深く考えた結果、「空にすいこまれる」ところで夢から空へ旅立ったということに落ち着いて 往還 いった。

どこまでが現実で、どこからが夢、（天に昇った場面）なのかが分からないでいるＡ児は、「おなかがすいて軽くなったから、ういたのね。」の意味が分からなかったが、「空色の花畑」であったり、「体がすうっと透き通って、空に吸い込まれていくのが分かりました。」という叙述に友達の発表から気付き、それは現実的ではないと納得していた。

　このじわじわと自分の解釈に根拠をもって迫っていく姿も、読むことの単元でのこえる姿であろう。

4 まとめ

　単元最後は読書生活と結びつけたり、対立軸をもって読んできた自分の読みを相対化したりするための交流となっている。そのために交流するための場面は限定したが、その場面に関わる前後の文脈を取り込んでこなければならない最終場面であるため、友達の読みと自分の読みを比べるためにはかなりの想像力を要したということになる。その結果、展開についてこられた子は相対化しながら読みを更新できたと考えられる。

　また、読書生活の意識更新についてであるが、積極的には手に取らないだろうという子、逆に戦争を知る機会となったというような、視野が広がるので読みたいと意欲が高まっている子もいた。つまり、教科書教材でしか積極的にはふれあわないジャンルの物語であっても、学習意図は理解し、自分の思考を広げるのには必要であると感じているのである。

分かりやすい2軸をつくって物語を読む

❶ 物語を読む意義

　物語を読む。教科書に載っているから読まされる。ところが、世の中では、論理的に誤解の生じない正確さや、文化背景までもが違う他者と適切にコミュニケーションのとれる言葉の力が求められている。また、自分の考えに賛同してもらえるためのプレゼンテーションができる表現力、パフォーマンス力も求められている。しかし、だからといって人物を読む、人物関係を読む、文脈を読む、行間を読む、背景を読む、表現を読むといった物語を読む行為に伴う力が、これらの要求に応えられないのか。

　ここに存在する他者にアプローチするために言葉を正確に使う力が必要である反面、お互いの言葉が100％正確に交換できないものである以上、その間を埋める力は、相手を慮る配慮や背景に思いを馳せる想像力などの、物語を読むことで獲得できる言葉の力があると考える。また、この言葉の力を習得することは、世の中の社会的要求にも寄与していると捉えている。

❷ 軸のつくり方

　コミュニケーションを円滑に価値ある情報交換の場として社会的要求に応えるために、出会った物語でこの言葉の力を高め育むためには、子供たちの追究過程を読みの授業に求めなければならない。そのために、子供たちが主体的に読み進めたいと思う課題を立てることが重要である。

　そこで、2軸である。初読の感想からは、子供たちの背景を反映した感想が多数生まれる。その違いこそが追究の出発点である。同じ物語を読んで、どう

してこうも感想や着眼点が違うのか。これを子供たちの追究可能な学習課題と仕上げる一つの方法が２軸である。

　例えば、『白い花びら』では、中心人物のゆうたは勇気があるのかどうかが議論の分かれ目になった。そこでは、すぐに自分の立場を表明させる。ネームプレートを貼り分け誰がどんな考え方をもっているのかが分かり、学習中、または、後に移動を行うことを許可している。あわせて、移動する場合には、学習感想に誰の意見から変わったか、または、どんな意見で変化が生じたかを書くことをルールとしておくことで、自分の意見をメタに見る習慣がつく。

　『モチモチの木』では、じさまの腹痛は仮病か偶然かの両方の立場を尊重し授業を進めた。この課題は初読後すぐにはっきり分かれる。行動や人間関係を把握した後も、人物像をどのように捉えていくかで分かれる。もちろん、どちらの立場をとっても、豆太の成長を願ってのじさまの言動であると戻ってくるのである。すると、その読みの差異はどこから生まれるのであろうか。個々の読みが学習集団で尊重されているかである。

　さて、この例は積み重ねられてくることで学習集団が育ち、他者の意見を聞く意味があることが実感できてくる。すると、次第とみんなの意見を聞きたいという欲求が高まってくる。そこで、本実践でも取り入れた、初読後の感想を一覧にしておくと、発言が苦手な子の意見も同等に扱われ、積み重ねが生きた意見を表出することができる。そして、同じような感想や意見をもっている仲間がいることを感じられ、安心してその後の学習に取り組むことができるようになる。しかし、これには、いきなりではなく、積み重ねで見て聞いてまねしてきた経験があるので、最後に学習集団で遜色のない感想が書けるようになるのである。その頃合いを見るのは、担任の児童に対する観察眼しかないのである。

単元名 わらぐつの中の神様

時間を超えた心の交流を見つめよう

鈴木 秀樹

『わらぐつの中の神様』は、主人公「マサエ」と母親が、「おばあちゃんの昔話」を聞いているという設定で書かれている。物語の中には様々な心の交流が描かれるが、ここでは「登場人物間の心の交流」だけではなく、「時間を超えた同一登場人物間の心の交流」も読み取れることを体験させることで、物語を読む新しい視点を知らせたい。

1 めざす「こえる学び」

学習者用デジタル教科書のマイ黒板機能（図１）を使うことによって、児童は自分の考えをまとめることに没頭することが考えられる。はじめは言葉の切り貼りに終始する児童も慣れてくるうちに本文を読み込み、自分の考えを説明するためにテキストを使うことに没頭するようになる。

自分が没頭した結果、明確になってきた考えを友達と交流し往還することで、今までの自分の読みをこえたものを獲得させたい。

2 「こえる学び」を生む学習環境デザイン

・学習者用デジタル教科書の活用

本単元では、タブレット PC にインストールされた学習者用デジタル教科書を活用して学習を進めた。その中でも特に使ったのは「マイ黒板」と呼ばれる機能である。

これは「読むこと」教材に実装されている機能で、画面が二分割されてお

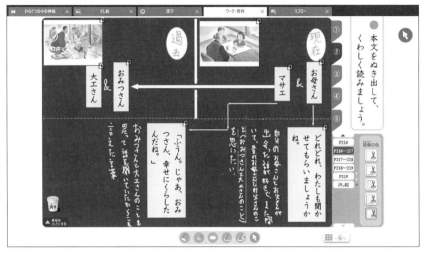

図1　学習者用デジタル教科書のマイ黒板機能

り、画面上は黒板のような画面、画面下は教科書の本文となっている。指やスタイラスペンで画面下の本文をなぞると、なぞった箇所が付箋となり、画面上の黒板に切り抜かれる。画面下の本文は隠すことも可能で、その場合は画面全てを黒板として使うことができる。その他、国語でよく使う言葉（「問い」「答え」「理由」等）のスタンプや、簡単な図形も作成できる。

・Formsを活用した学習の振り返り

振り返りを何に使うかという目的にもよるが、児童に読ませるのであればそのときそのときの目的に応じた書式を追求したい。様々な書式で振り返りを活用することを考えると、Microsoft Formsで作ったWEB上のアンケートフォーム（図2）を使って回答を集め、結果をスプレッドシートに自動的に集約するように設計しておけば、後からの応用が簡単である。本実践ではこの形をとった。

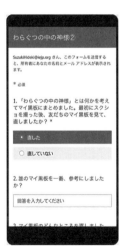

図2　Formsの画面

3 実践

（1）前時の振り返りから本時のめあてを確かめる

前時に Forms で収集した回答に書かれた文章をもとにテキストマイニング[1]したもの（図3）をスクリーンに表示して、「『わらぐつの中の神様』とは何か」という問題に対して、おおよその各自の関心の向いた先を実感させる。

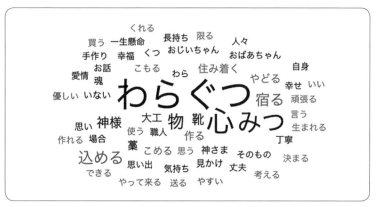

図3 「『わらぐつの中の神様』とは何か」についてのテキストマイニング結果

その上で、詳しい結果を授業者がまとめたものを配布し、それを読ませることで、「『わらぐつの中の神様』とは何か」という課題に対してどのような意見があったのかを具体的に知らせる。

そこから「わらぐつの中の神様」が何であったかはともかくとして、それがおみつさん（おばあちゃん）と大工さん（おじいちゃん）の心に関わるものであるとするならば、この物語の中ではどのような「時間を超えた心の交流が描かれているのか」を考えるという本時のめあてをつかませる。

（2）「時間を超えた心の交流」は何であるかを考えマイ黒板にまとめる

おみつさん（おばあちゃん）と大工さん（おじいちゃん）の心情が描かれて

---

1) ユーザーローカル AI テキストマイニングを利用した。https://textmining.userlocal.jp

いるのはどこかを確認し、「過去のこの心情が現在のこの発言につ
ながっている」「現在のこの心情は、過去のこの出来事を思い起こ
して出てきたものである」等、この物語には「時間を超えた心の交流」があ
ることを押さえる。そのうち自分が最も大切だと思うものはどれかを選び、
それについてマイ黒板を使ってまとめさせる。

没頭

> **子供のこえる姿が見えた瞬間**
> 「『わらぐつの中の神様』とは何か」を考えたことが、物語の中に「時間
> を超えた心の交流が描かれている」という発見につながり、物語を読む新
> しい視点を得られた。

(3) マイ黒板を Teams で共有して意見を交流する

マイ黒板が完成した児童からスクリーンショットを撮り、
Teams に画像を貼り付けさせる。さらに、アップロードされた友
達のマイ黒板を見て、気になったものにコメントを付けていく。自分のマイ
黒板に付けられたコメントを読んで修正したくなった場合は、修正も認める。

往還

> **子供のこえる姿が見えた瞬間**
> 一度、完成した自分のマイ黒板を、友達のマイ黒板と見比べたり、友達
> からのコメントを読むことによって修正するとき、児童は自分の思考を更
> 新させることができたと言えるだろう。

4 まとめ

通常、物語の中の「心の交流」は登場人物間のものが描かれるが、『わらぐ
つの中の神様』では、「時間を超えて同一登場人物間でも心の交流が描かれて
いる」と読むことができる。物語を読むときの新しい視点として児童と確認
する。

Office365 の活用

① 全員で意見交換

「児童同士で学び合うことが重要である」

「児童がお互いに意見を交換し合って考えを深めていくことを重視する」

そういった主張に異を唱える気は毛頭ないが、ではクラスの児童全員が全員と意見を交換し合うチャンスを与えることは実現可能だろうか。

普通に考えれば不可能であろう。35 人学級で、35 人が意見を述べたらそれだけで１時限が終わってしまう。しかし、ICT を活用すれば、少なくとも全員が全員と意見を交換するチャンスを与えることは可能になる。

② Teams（オンラインチャットツール）活用

筆者の学級では児童全員に Office365 アカウントを割り当ててあり、一人１台タブレットもある。つまり、いつでも Office365 アプリケーションにアクセスできる環境を整えているわけである。

Office365 の中でも、最も頻繁に使っているのが Microsoft Teams（図 4）である。これは「オンラインチャットツール」という言葉の範疇には収まりきらない多機能なアプリケーションだが、これを活用することで児童同士の学び合いを促進することができる。

学習者用デジタル教科書は、基本的には単体で動作するもので、それ自体にはグループウェア的機能はない。したがって、例えば学習の成果物を共有しようと思ったら、何らかの授業支援アプリケーション等を使うことになるわけだが、Teams もこれが可能である。本実践の中でも、自分の考えをまとめたマ

図4　Teams の画面

イ黒板のスクリーンショットを Teams に送って共有している。

　Teams には、他にも Office365 アプリケーションと連動して動く様々な機能がある。「課題」もその一つで、児童にルーブリックで評価基準を明らかにした課題を提示し、提出させるものである。児童に提出形態を自由に選ばせることも可能で、Word でレポートをまとめる、PowerPoint でスライドにまとめる、Sway で WEB サイトにする、ノートに手書きでまとめたものを撮影して送る等々、児童が自分に合った形で課題を遂行することが可能である。

　本稿で紹介した ICT 活用については以下の書籍を参照されたい。

　『楽しみながら力を付ける！国語授業の ICT 簡単面白活用術 50』，細川太輔・鈴木秀樹編著，明治図書，2019.

単元名 わたしたちのくらしと水

理解と相互作用を通して自らの考えを更新し続けていく授業

岸野 存宏

本実践は「水道水を作る人たちは、味より安全を大切にしているのか」という問いについて、他者との相互作用を通して、子ども一人一人が自らの考えを更新し続けていくことを目指している。子供たちが、水道水が家庭に届くまでを追究していく中で、安全であること、おいしいことの意味、さらには、「人々の生活を支える公共の価値」について考える。それを支えることで、子供は自身の学びの価値や変容についてメタ認知する姿を見せてくれるのである。

1 めざす「こえる学び」

本校社会科部は、「こえる学び」を、「追究に没頭すること」、「他者との対話を通した自己の考えと他者の考えとの往還」、「自らの考えを実践すること」、これらの結果として得られた実感から生じた自己の更新である、と捉えている。

本単元で扱う水道は、多くの子供にとっては当たり前にあるもの、生活を支えるものである。一方でその価値を意識していない、あるいは直接飲まないものと考えている子供もいる。互いが水道をどのように捉えているかは不明であり、蛇口の先にある世界やそこで働く人の考え、社会における意味や価値への気づきも多様であろう。

そうしたクラス内での多様な認識を前提にスタートし、問いについての追究を通してその理解を更新していくことが、「こえる」学びへと至る過程であると考える。そして、こうした自己の更新をより明確に意識するためには、評価活動の充実により、子供のメタ認知を促すことが重要である。本稿ではそこを中心に述べることとする。

2 「こえる学び」を生む学習環境デザイン

・問いをつくり出すための実感を伴った学習活動

　本単元の問い「水道水を作る人たちは、味より安全を大切にしているのか」
を引き出すために、「飲み比べ」という学習活動を行った。水道水をおいしく
感じる子、家庭で飲む水の方がおいしいと感じる子、違いを感じない子、いろ
いろな反応がある。活動を通して水道水に対する多様な実態が見えてくる一方
で、その水を供給している作り手を意識することで生じるのが、本単元の問い
である。そしてこの問いをもちながら、「水道水の使用量の変化」「水道水源林
の整備」などの内容を学習したときに、その事実をどう捉えるか、という思考
が生まれるのである。

・子供のメタ認知を促す、自己モニタリングシート

　子供が自らの学習履歴を振り返り、その変容
に意識を向けさせるために、学習感想をもとに
した自己モニタリングシートを用いる。この
シートは、OPPA[1] の発想をもとにしたもの
で、子供が定期的に、自らの学習についての感
想を書き留めていく仕組みになっている。そし
て、このシートに学習感想を蓄積し、見返すこ
とで、自らのメタ認知を促すことを期待したも
のである。

3 実践

（1）学習の流れ

　問いを立てた後、資料やビデオを活用して、水の供給の仕組みについて調べ

---

1)　堀哲夫（2006）『一枚ポートフォリオ評価　小学校編』日本標準　p.8

ていった。具体的には、ダムから蛇口までの過程（予想をイラストで表現し資料で確かめる）、水道局の人の仕事（漏水検査の様子の写真から何をしているのかを予想する）、水道水源林の大切さ（ビデオ視聴）などを理解し、さらに、自分の立場を主張するための証拠を探す時間を保障した上で討論へと入った。

　討論は、「味と安全の両方大事」と「安全が大事」という２つの主張の対立からスタートし、討論を続けるうちに安全を大切にしていることは前提になり、「安全の方が上」か「味と安全が同等か」という討論に変わっていった。これは、味だけのはずがない、安全だけのはずがない、ということが討論を通して明確化したからである。つまり、二者択一から、どちらを重視しているかというバランスの問題へと問いが変わっていったということである。

（2）討論を通して見いだされた視点

　討論では、多くの視点での意見が表現された。「『わたしたちの東京』（副読本）に小河内ダムの人の話が載っていて、『できるだけおいしい水を飲んでほしいと思っています』と書いているから」というように資料の文章を根拠にするものもあれば、「やはり東京水を飲んでみても水道水と一緒でおいしくなかった」など自分の経験を根拠にするもの、図書室で見つけてきた本にある1997年の水道水による集団感染事件を根拠に、「水道局の人はこういうことを二度と起こさない、ということが頭にあるのではないか」という解釈を伴った意見もあった。

　中には資料の文章に注目し、「『より安全でおいしい水』というように安全にだけ「より」が付いているということは、安全は昔から気を付けていて、それをさらにということを示している。だから安全ではないか」という意見も登場した。他にも水道局で働いているお父さんにインタビューして、それを授業に持ち込む姿も見られた。

　水道局では、24 時間 365 日、より安全でおいしい水をつくるための努力をしています。　　　　　　→9・21 ページを見てみよう。
　かんきょうを守る工夫もしています。　　→27・28 ページを見てみよう。

子供のこえる姿が見えた瞬間

　お父さんにインタビューをしたＢさんは、お父さんに話を聞いたことを、そのまま発言したわけではない。「お父さんの話では、安全については法律で規定があるが、おいしさについては規定がないので、どちらかと言われれば、安全と答える、と言っていた。でも味は２番目に優先しているからパンフレットにも書かれている。つまり……」と自分の解釈を付け加えていた。自ら資料を集める姿もそうだが、その資料をさらに吟味する姿、これも大切にしたいこえる姿である。

4　まとめ

　この文章は、単元を終えた後に自己モニタリングシートを使って学習全体をふりかえって書いたものである。

> 私は最初からずっと味と安全を大切にしていると思っていました。でも討論を繰り返すうちに、どんどん考えが揺れていく気がしました。11月6日にＢさんが発表し「あぁそうか」と思いました。今も考えは変わっていません、水には味と安全が必要だと。でも「法律では」「次に目指すものも入れると」など答えを使い分けて考えるとすると、今となっては安全派の意見も理解できるようになりました。

　Ｈさんはこのなかで、「質問によって答えを使い分けて考えるとすると」という言葉を使っている。単元の最初に設定したのは「水道水を作っている人たちは、味よりも安全を大切にしているのか」という問いである。しかし、Ｈさんは、この問いに対して、「『法律では』『次に目指すものも入れると』など答えを使い分けて考える」というように、教師の設定した枠を超えた自分の答えを見いだしている。こうした姿も本単元における「こえる姿」の一つ、自己の更新の姿として考えている。

子供のメタ認知を促す
自己モニタリングシート

❶ 自己モニタリングシートの意義

　社会科とは内容教科であるという言説がある。確かに社会科には学ぶ内容がある。しかし、そうした内容を知識として身に付けていく価値は、そのことだけを記憶することではなく、その知識が転移応用されることにあるはずである。一つの内容が転移応用できる知識となるためには、その知識を学習者自身がメタ認知し、それらを活用しようとする意欲をもって学ぶことが重要である。

　本実践で活用した自己モニタリングシートは、そうしたメタ認知を促すためのメタ認知的活動の一つとして実践したものである。

　これまでも社会科では、学習感想を重視する流れは存在した。その日の授業で心に残ったことなどを書くことでその日の授業を振り返る、これも一つのメタ認知的活動である。しかし、この学習感想が、「今日の授業では～が分かりました」というような内容理解を確かめるだけのものになっている、それを書く子供が自分の思考の連続性を意識することなくその場その場での思いつきを書いて終わってしまうということではメタ認知にはつながらない。言ってしまえば、それは感想という名前の単なる小テストにすぎなくなってしまう。

　しかし、そうした学習感想が教師のためだけのものではなく、子供にとっても自らの学びのストーリーを意識し、自己の変容を前向きに受け止め、自己肯定感へとつながっていくようなメタ認知的活動として位置付けることができれば、学習感想を書くという学習活動はより有効な活動となるであろう。

② 作成にあたって

　シート作成にはいくつかのポイントがある。一つは、この単元全体を1枚の紙に収め、いつでも全体を振り返れる、という一覧性である。二つ目は、【学習当初の自分】について記述する欄の存在である。このことによって、常に今を【学習当初の自分】と対比して考えられるようになっている。

　また、シートの下部には「この学習をふりかえって」という欄を設けている。これは、単元を終えた後に、単元全体を振り返るというメタ認知的活動を行うことを意図している。

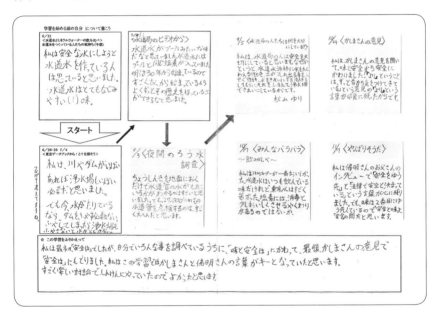

　さらに、このシートをより有効に活用するためには、学習問題の文言にもこだわりたい。実践で紹介した水の単元の「水道水を作る人たちは、味より安全を大切にしているのか」のように、ただ事実を問うのではなく、事実をもとに、解釈や価値を問うような学習問題を設定することで、一つ一つの授業の価値について、より深く考えることができるのである。

単元名 ごみのしまつと再利用

「どうなることが良いことか？」「どうすることが良いことか？」を追究する話し合い活動

牧岡 俊夫

児童の日記より。「今日は午前じゅぎょうだったので、友達と公園で遊びました。遊びのじゅんびをしているとき、わたしは今日の授業を思い出して、ペットボトルではなく水筒にお茶を入れて持っていきました。『ペットボトルを捨ててもリサイクルされるからいいでしょ』と思っている人たちに、『リサイクルするにもお金がかかるから、まず、ごみを出す量を減らすことが大切』ということを分かってほしいです。」（武田）

1 めざす「こえる学び」

社会科における「こえる学び」とは、追究に没頭し、他者との対話を通して自己の考えと他者の考えとを往還させることで「自らの社会への関わり方を考え」る学びであると考え本実践を計画した。

本時では、小単元を通して学習してきたごみの始末と再利用についての現状をもとに、自分の身近な生活の中での"選択行為"を問う活動を通して、社会全体として「どうなることが良いこと」なのか、それにあたって自分は「どうすることが良いこと」なのかを考える子供の姿を期待したい。そして、その選択理由が、「今だけ、ここだけ、自分だけ」ではない時、「こえる学び」が生まれたと考える。

2 「こえる学び」を生む学習環境デザイン

・自分の身近な生活の中での"選択行為"を問う活動

実生活の中でも自分の選択がよりよい社会と関わりがあることを意識できるようになってほしい。本実践では、小学4年生の実生活の中でも選択場面がありそうな、「ペットボトル飲料かマイボトル持参か」を考えさせることで、学習してきたことと自分の生活とを結びつけさせることを意図する。

・「どうなることが良いことか」「どうすることが良いことか」を考える活動

具体的な自分の選択理由を話し合うだけでなく、話し合いで考えたことも入れながら最終的に、社会は、自分はどうかを考え記述させる。これにより、学習内容を踏まえた上で、持続可能な社会を目指す「社会科的」な考え方ができるようになることを意図する。

3 実践

（1）前時までの活動

教育テレビの「よろしく！ファンファン」を視聴後、単元の学習問題を話し合って設定した。クラスの学習問題：「昔から今にかけてのごみ処理の考え方はどう変わり、また、自分たちはこれから先どのように考え、行動していくべきなのか？」。追究段階では、まず、大昔の貝塚や川への投棄、燃焼埋立処分等、ごみの処理について歴史的に追究した。さらに、現在の処理について、小金井市の中間処理場へ見学に行き、小金井市のごみ処理の現状や3Rの大切さについて学んだ。単元のまとめとして、学習問題に対する自分の答えを記述した。

（2）ペットボトルを買うか、麦茶を作ってマイ水筒に入れるか？

まずはじめに課題を提示し、自分が選択するにあたって必要な情報（値段、水筒の中身等）の質問を受け付けた。そして、初めの選択として、全員に挙手

を求めた。結果は、マイ水筒に手を挙げた児童が多数で、ペットボトルに挙げた児童はいなかった。そこで、迷っている児童に向けて、ペットボトルを選ぶとしたらその理由は何かを聞いた。児童は、

C62　上池「ペットボトルは水筒よりも安いし、使いやすいので便利」

T63　「使いやすいをもうちょっと。」

C64　上池「あの、飲み終わったら捨てられるし、ラベル取って捨てやすいし、あと、安い。」

C74　玉井「上池さんの使いやすいに付け足しで、水筒はコンビニとかでは売ってないけど、ペットボトルはコンビニとかで売っているから」

等、ペットボトルの便利さが出された。反対にマイ水筒選択の理由を聞くと、

C91　平野「玉井くんに付け足しで、水筒の方が壊れるまで使える。」

C102　幸地「水筒だと何回も使えるし、1回しか捨てないけど、ペットボトルだとすごく捨てちゃってごみになるし、水筒にしても不衛生に最後なっちゃうから水筒がいい。」

T103　「ペットボトルは不衛生になっちゃうから水筒がいい？」

> 没頭・往還

C104　幸地「ペットボトルを水筒にするとしても不衛生、ごみも出るし水筒の方が1回しか捨てないからいい。」

子供のこえる姿が見えた瞬間

C120　金山「リサイクルするのにお金がいる。例えばつぶすとしたらつぶす機械を動かすのにお金がかかる」➡単に「リサイクルされるから使い勝手のよいペットボトルを使ってもよい」と自分の便利さだけを優先させるのではなく、これまでの学習を振り返り、「処理に手間とお金がかかるごみを減量するには」という観点からも考えられている。

　ここで、最終的な選択を聞こうとしたが、児童から「どっちもどっち」「使い分ければいい」という意見が出される。どういう時で使い分けるか聞くと、

C127　遠藤「ペットボトルは急いでるときとか、今すぐ飲みたいときとか、

緊急というと、簡単に飲めて。水筒はちょっと手間がかかるけど、お金
とか保冷とか機能とかで言えばちゃんと準備しておけば使える」

往還

T128 「社会の勉強で言えば」

C129 遠藤「水筒はあんまりごみを出さない、何回も繰り返し使えるから」

T130 「まあ、究極のリユースだね。ここに書くとしたら、これとこれを」

C131 遠藤「使い分ける」

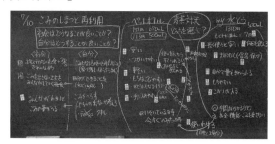

（3）どうなることが良いことか？どうすることが良いことか？

子供のこえる姿が見えた瞬間

　前時学習問題に対する記述：「自分は、捨てればごみ、リサイクルすれ
ば再利用という気持ちで少しでもごみの分別を心がけようと思います。」
→本時のまとめ：「社会ではごみを出さない工夫や再利用することをみん
ながしていく。自分は、なるべく my 水筒や my バッグを使いごみを減ら
すように気を付ける。（一ノ谷）」➡学習問題のまとめでは、自分ができ
ることをごみの分別としていたが、本時の話し合いを通して、ごみ減量につ
ながる行動への意欲を高めている。

4　まとめ

　ごみを減量するために、ただ単純に「リサイクルに協力すればよい」とい
う結論ではなく、ごみそのものを出さないような生活に向けて、自分が今で
きることから始めようとする意識を育む活動となった。

自分の考えを記述する際の
視点と内容

❶ 社会科的記述指導のポイント

　社会科は、社会的事象について「見えるもの（様子や事実）」の理解を土台として、「見えないもの（特色や意味、価値）」を考える教科である[1]。その、「見えないもの」に対する考えは、あくまでも社会的事象の事実に基づくものであり、意味や価値は、社会科の究極の目標である、「主体的に生きる平和で民主的な国家及び社会の形成者に必要な公民としての資質・能力の基礎」[2]の育成を期さなければならない。つまり、持続可能な社会を形成するために有益な意味や価値について考える必要がある。授業において、単に「分かったこと」や「考えたこと」を“自由に”記述させるのでは、有益な意味や価値について考えさせることは難しい。特に、単元学習の終盤に自分の考えをまとめさせる際には、それまでの学んできた具体的な事実や事象を通して、何について（内容）どのように（視点）記述させれば有益な意味や価値を考えさせることができるのであろうか。

　持続可能な社会を主体的に形成するためには、「社会はどうなることが良いのか」「それに向けて自分はどうすることが良いのか」[3]について考えることが土台となる。さらに、これらを考えるにあたり視点となる「見方・考え方」の育成が求められる。平成29年告示の学習指導要領の解説は、社会的な見方・考え方について、「位置や空間的な広がり、時期や時間の経過、事象や人々の相互関係に着目」と考察や構想する際の「視点や方法（考え方）」としている。しかし、持続可能な社会を実現するためには、「今だけ、ここだけ、自分だけ」[4]良ければいいのではなく、「今ではない時間のことも（歴史的に）、ここではない空間のことも（地理的に）、自分ではない誰かのことも（関

係的・公民的に）理解し考える力と、考えようとする構え」が見方・考え方の柱となる。

❷ 指導例

（1）単元末の表現活動の一環として記述する例（4年水道）

水源林や浄水場の働きといった事実の記述だけでなく、持続可能な社会として

水道水の供給についてどうなっていくことがよいのか、そのために自分には何ができるのかを考えて記述している様子が見られる。

（2）「どうしたことが良かったことか？」を記述する例（6年条約改正）

日本の近代化のうち何が、条約改正に役立ったのか？について話し合い、記述させた。記述例：「日清・日露戦争に勝利したことで、世界に日本の力を示せたと思う。そもそも日本は文化が遅れていたし、弱い国だったので世界に見下されていた。しかし、徴兵令などを行ったことで戦争にも勝利できた。」「議会の設置がポイントだと思う。それにより、国民の意見も反映され、政府と国民が一つになって国民も協力できたのだと思う。」「伝染病研究所をつくって、ペスト菌や結核の予防、赤痢菌の発見をしたり、世界から注目されることを野口英世がしたりして、文化が発展し、世界に貢献したから。」[5]単体としての歴史的事象の暗記ではなく、それらの事象の意味や価値を見いだす記述が見られた。

1）　東京学芸大学附属小金井小学校（2019.3）『研究紀要』Vol.41 p.39
2）　文部科学省（2017.3）『小学校学習指導要領』平成29年3月告示 p.46
3）　次山信男（1979）『社会科をめぐる子どもたち』帝国書院
4）　社会科教育連盟6年部会（2016.6）『研究紀要』第70号 p.42
5）　東京学芸大学附属小金井小学校（2015.3）『研究紀要』Vol.37 p.53

単元名 わたしたちのくらしと環境

体験との往還から、未来の森林利用を見つめる授業

根本　徹

本校の子供たちは、長野県茅野市にある宿泊施設「一宇荘」に、第4学年からの3年間を通し、のべ11泊する。しかし、その一宇荘周辺の森林が、どんな指定を受け、今後どんな変化を遂げるのかについての関心は高くない。本単元では、子供の宿泊生活体験や鳥取や湘南の事例地を往還させながら、未来の荘の環境について考え、表現させていく。

1　めざす「こえる学び」

没頭・往還・更新

本単元における「こえる学び」とは、「実感を伴いながら現実の社会を捉え、自分の心が揺さぶられ、改めて社会を見つめ直そうとする子どもの姿」である。そこには、当然、知識・理解だけではない、公民的資質の姿を期待もしている。

環境や森林の保全については、誰もが、重要であると意識できている。

しかし、その一方、その保全が順調に保障できない現状やその事情、変化については、十分な理解が得られている訳ではない。それは、それぞれの地域に固有の十分な情報が不足していたり、対象地域への愛着が乏しかったりすることにも起因する。この学習での「こえる学び」は、「荘周辺の森林が、森林資源の活用を通して維持されたり、計画的に保全されたりしていることに気付きつつも、決して万全でもない現状に、未来の後輩の荘生活を心配し、周辺の森林について追究し始める」という子どもの姿である。

2 「こえる学び」を生む学習環境デザイン

本実践では、2つの学習環境デザインを設定した。

・地域の事情が異なる事例を取り上げる

地域の事情によって保全の様子も違っているという事例についての学習を単元の前半に位置付けるようにした。

具体的には、以下の3つの事例地を子供に出会わせるようにした。

○森林の保全が観光資源のために削減された鳥取砂丘の国有林の事例

○防砂林として厚く維持・管理されてきた湘南海岸の事例

○子供たちが親しんできた茅野市一宇荘周辺で伐採され始めてきたカラマツ林の事例

・家庭学習でのプチポスターづくりを重ねさせる

学習環境デザインのもう一つは、話し合い活動に根拠や自信をもたせるための作品づくりを継続させてきたことである。調べ活動と表現活動を同時に1単位時間で確保するのは難しい。また、心揺さぶられる学びに出会ったり、それを継続させたりするには、家庭学習も極めて重要であると考えたからである。

これらの学習環境デザインを契機に、子供が、これからの環境づくりや森林保全について意識を高める姿を期待したい。

3 実践

（1）くらしのために森林を減らした鳥取砂丘への驚き

子供たちは、前小単元で、日本の自然災害について学んでいた。減災には、「知らせる」「つながる」「教える」「つくる」以外にも「木を育てる」という知恵を学んだ子供たちにとって、観光資源のため

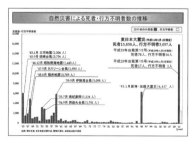

図1　自然災害の様子（内閣府より）

に、国有林を減らすというのは、衝撃的であった。

　ひかるは、「鳥取砂丘には、もっと木があったことにびっくりしました。」とノートに感想を書き、また、手入れの行き届かない針葉樹林が、土砂流とともに、被害を大きくしていたことを思い出しながら、「スギ林も役に立つのだな」と防砂林としての機能に感心もするようになっていた。

更新

（2）道路や住宅地を守る防砂林への畏敬の念

　こうたは、森林のもつ防災機能に着目し、「森林と人と家はパートナー」というキャッチフレーズをプチポスターで表現した。ひかるは、その表現に感心しつつも、懐疑的になる。後日作成したプチポスターでひかるは、「防砂林の例は、共生とも思えるが、鳥取のことからは、森は人のためだけにあり、利益のために切ったり植えたりして、人が森林を支配しているようにも思える」と自分の考えを表現する。

往還・更新

> ### ひかる や こうたの　こえる姿が見えた瞬間
>
> 　同じ森林でも、その経緯によって、切ったり、植えたりという地域の事情があることを学び、森林への地域の「保全」意識の差、人間生活優先の環境づくりを意識し、新たな解釈と出会い「こえる」ようになった。

（3）体験や学習を往還させる荘周辺の伐採との出会い

往還

　荘周辺の森林伐採の写真を見たひかるは、人間以外の生物の視点から考え、民有林とはいえ、「切ってはいけない森林もあると思う」とノートに記した。荘生活では、周辺の森にすむ鳥の様子を総合的な学習の時間で足かけ2年も調べてきたひかるならではの視点と言

写真1　荘周辺で伐採が始まった

える。その一方、ひかるは、前小単元で、土砂災害をより悪化させるのは、荒廃した人工の針葉樹林であることにも災害の写真から鋭く洞察していた。もし

かすると、ひかるの中には、葛藤が生じていたのかもしれない。こうした心の揺れを抱えつつ、ひかるは、クラスでの荘周辺の森林の未来について考えをまとめていくようになる。

（4）後輩のために荘周辺の森はどうなるのがいいのかという当事者意識

荘周辺の森林は、民有林、国有林の交じり入った土地である。したがって、それに応じて、茅野市では、防災林の指定をしたり、木材資源としての活用エリアの計画を立てたりもしている。 **没頭・往還・更新** 子供たちは、そうした状況を踏まえ、様々に予想し、話し合うことができた。

・荘周辺の森は、別荘地としての「売り」があるのだから、景観を守るはず。

・木を切ると、生態系が乱れ、災害を招き、さらに木が減るのでないか。

・カラマツが売れ始めたものの、燃料等のコストで現状維持になる気がする。

・少子高齢化で、世話をする人がいなくなり、森は減っていきそう。

子供のこえる姿が見えた瞬間

自分の住む地域の未来は、ともすれば、無関心になりがちである。しかし、子供たちは、友だちの表現に耳を傾けながら、「保全」にある人間生活優先という意味を、心揺さぶられながら理解し、全ての生物の視点で俯瞰する眼をもって「こえる」ようになった。

4 まとめ

環境の保全とは、人間生活優先の言葉でもある。それは決して環境の保護ではない。子供たちは、3つの事例地から、そのことを友達との話し合いから、全生物の視点から強く心に刻みつけていった。また、荘周辺の木々は、見た目ではわからないが、法令の指定も受け、それぞれの場所によって、期待される機能も異なることを知り、未来の荘周辺の姿をイメージしたり、期待したりしながら、現実の社会に出会い、自分の眼で捉え直す「こえる姿」を見ることができた。

資料の活用について

❶ 「資料活用」のポイント

　本実践に限らず、社会科では、具体的資料や統計資料を通した、社会的事象の解釈が重要である。それは、社会的意味の把握にもつながるからである。当然、その過程では、その解釈をクラス全体で共有したり、吟味したりすることも欠かせない。

　こうたが「森林と人と家とはパートナー」と表現したのは、森林資源にある環境の保全機能についての一つの解釈である。この解釈は、一度はクラス全体で受容されるものの、こうた自身

没頭・往還・更新

も、その解釈を自ら疑い、新たな解釈「人の都合で進む森林保全」へと更新されていく。

　このような「こえる学び」は、以下の3つのポイントによっても支えられている。

　スモールステップで見せる
　集団思考で多角的に解釈させる
　子ども自身も資料を作成し、
　活用させる

❷ 活用例

　グラフは、植林面積の経年変化を示している。このグラフをはじめから全て提示するのは好ましく

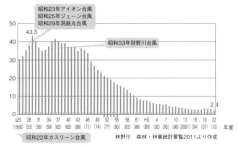

図2　植林面積と大型台風(林野庁資料より作成)

ない。

　まずは、題名を確実に確かめさせ、その後、提示ソフトを用いて、各年次ごとをアニメーションで提示し、動的に少しずつ見せることが効果的である。その上で、大きく変化する年次や変化に乏し

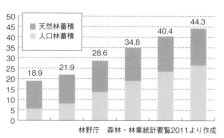

図3　森林資源の様子（林野庁資料より）

林野庁　森林・林業統計要覧2011より作成

い年次を集団で共有し、さらには、そうした特徴的な年次にある「出来事」（社会的事象）を提示したい。

　土砂災害防止、あるいは減災のための植林面積の増加と著しい減少を把握した後に、今度は、蓄積された森林資源の増加のグラフも前者と同様に提示し、植林面積の減少にある社会的意味の理解を確実にさせたい。植林面積は減っても、森林が減っているわけではない。

　むしろ、確実に森林資源は増加している。厳密には、森林資源は、増えたのではなく、「増やしてきた」と子供たちには理解できるように指導したい。

　学習中は、どうしても、資料の読み取りと集団での解釈に時間を割かれる。

　そこで、子供たちには、一年を通してA4一枚のプリントに、自分の考えを表現させる機会を設けている（社会科の単元の中では、1〜2回程度の頻度）。

　子供は、自分の考えを整理する時間とともに、メタ認知を高めていく。そうした表現活動をもとにクラスでの話し合いに臨ませることも効果的な指導である。

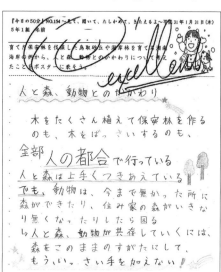

図4　自分の考えを表現するプリント

単元名 箱の形

立体図形は平面図形で構成されていることに気付く六角柱と円柱の箱づくり

田中 英海

「六角柱と円柱」の箱づくりを行う。特に円柱の箱では、面を写し取るために、箱に紙を巻いたり、箱を転がしたり、つぶしたり、切ったりするアイデアが出された。いろいろな箱を観察や構成を通して、立体が平面のつながりによって構成されていることを見いだしていく。

1 めざす「こえる学び」

　算数科における「こえる学び」とは、「既習事項を使って、新しい知識及び技能などを創り出す瞬間」だと捉えている。本単元においては、「立体図形を平面図形の構成要素に着目して観察したり作ったりする活動を通して、どんな形の箱（立体）も1枚の紙（平面）からできていることを発見していく」子供の姿である。

2 「こえる学び」を生む学習環境デザイン

・六角柱と円柱の箱などを観察し、作る活動

　立体図形をより興味をもって観察したり作ったりさせたい。また、平面図形と関連付けて捉えることをねらい、チョコレート菓子の箱（六角柱の箱）とポテトチップスの円筒（円柱の箱）を扱う。六角柱の箱は、面の形や数の相違点に着目したり、底面と側面を意識して説明したりすることが期待できる。円柱の箱は、側面が曲面になっているため写し取る操作が少し難しいかもしれない。しかし、箱に紙を巻いたり、箱を転がしたり、つぶしたり、切ったりする

ことで、側面を長方形として平面で捉えていく。さらに色々な形の箱を用意して、探究を楽しめる環境にする。

・動的、連続的なイメージを子供の言葉で広げていく

　第1・2時の直方体の箱づくりでは、1面ずつ写し取る方法と、面を連続的につなげて写し取る方法が出された。それぞれ「バラバラ方式」「サイコロ方式」と子供たちがネーミングをして作り方を区別した。こうした言葉を価値付けて教室言語として育んでいく。

算数

3 　実践

（1）六角柱の箱と円柱の箱を選んで、作る

　六角柱の箱を提示し、「箱を作るのに何が大事か考えて作ってみよう」と課題を押さえた。次に円柱の箱を提示した。はじめは、「かどがない」「長さが測れない」などと箱の特徴をつかみつつも疑問を示したが、「かどがなくても、上から見た形と長さが分かれば作れるかもしれない」と見通しを共有していった。そして、2つの箱を示して「どっちを作りたい？」と選択を促して、どちらか1つを選んで箱を作る活動に入った。

　本時（第3時）は、六角柱の箱と円柱の箱どちらか選んで自力解決に入った。選んだ理由を問い返すことで、子供が無意識に捉えていた図形の性質に着目すると考えたからである。六角柱の箱を選んだ子供は、直方体と同じ面が長方形であることに見通しをもっていた。一方、円柱の箱は、かどのない側面をどう写すか、その難しさに挑戦しようとし、個々に応じた没頭の姿が生まれた。

（2）円柱の箱の側面を写し取る困り感の共有

　自力解決で底面の丸だけを写し取り、側面をどう写し取るのか迷っていた子供を取り上げた。「ここまでやって困ったんだって、何に困ったと思う？」と困り感をペアで話をさせた。

A児：「横の面の紙をどこまで切ればいいか分からない」

B児：「かどがないから、まっすぐな定規で測れないから、そこに困ってる」

C児：「横の面って、何個あるか数えられない」

などで、側面の困り感や難しさを共感し、全体の問いへと変えていった。

（3）紙を巻いたり、転がしたり、切ったり、つぶしたり

　　検討ではまず、円筒の空いた部分に印を付け、箱を一周転がした子供を取り上げた。それに続いて、円柱の箱のまわりに紙を巻いて、その長さに紙を切る方法が付け足された。その意見を聞いたD児は、

D児：「（略）……回してて、赤いところが戻ってくると一周でしょ。観覧車でも自分が乗って降りたら一周で同じで。だから一周したときに、頂点とか目印を付けて、その後直線を引けば切れる」

と動的な操作を"観覧車"という言葉で例えた。この言葉で1回転する長さのイメージが全体に共有された。さらに、側面を切り開いて面を写した子供を指名し、開いた箱をもとに長方形と捉えられることを確

認した。終末では、「面は必ず、長方形とか丸にも1つ以上ある」と、箱を構成しているのは面であることへの気付きが発表された。

子供のこえる姿が見えた瞬間

　円柱の箱の曲面になっている側面を構成しようとする過程で、立体を平面に写し取ろうと、転がしたり、切ったり、つぶしたりするなど様々な解決方法が共有されていき、側面の形が長方形であることを見いだした。

（4）既習事項の限界から新たな知識・技能を創り、立体を平面で捉える

　第4・5時で色々な形の箱を作った後の第6時では、C児の「（円柱の箱）横の面は、何個あるか数えられない」という意見を想起させた。すると、既習事項の【平らな所を面といいます】を踏まえて次のような意見が出た。

E児：「全て平らな所が面だよね……平らになってない。（円柱の箱の横の面は）きまりから外れてる。」

それに対し、製造過程や箱づくりを踏まえ、面と言えるという意見が出た。

F児：「確かにこれは平らじゃないんだけど……（略）、この箱を丸くする前は平らなわけで、それから丸めたから一番最初は平らだった」

G児：「これも丸める前は画用紙みたいな長方形だったから、私たちが作ったみたいに切ったり貼ったりつなげたりしたらできる。」

と曲面も平らである意見に納得が生まれてきた。そこで「面」をより詳細に説明する用語として「平面」と「曲面」を紹介し、既習事項をもとに新たな意味を創ってきた過程を価値付けた。さらに「箱には曲面や平面があるけれど、どの箱にもいえる同じことは何かな？」と統合をねらった。すると「曲面も元は平面でできている」「筆箱とか身の回りのものも平面でできている」という見方が広がった。

子供のこえる姿が見えた瞬間

　円柱の箱の側面を既習事項の「面」という用語では説明できないという状況により、「平面」と「曲面」という新たな知識・技能を創る必要性が生まれた。さらに、どんな立体も平面で構成されていることを見いだした。

4 まとめ

　六角柱や円柱の箱づくりで、立体を構成する面を連続的に捉える姿が生まれた。特に曲面の観察や構成活動により、1枚の紙などの平面で立体が作られていることを見いだし、立体図形を平面図形で捉えることができた。

低学年における立体図形の素地的活動

❶ 形に対する興味・関心を高める

　低学年は発達段階としても、作業的・体験的な活動に没頭し続ける姿が生まれやすい。きれいな箱を作ることを目的にせず、いろいろな形の箱に関わり観察し、作っていく活動などで図形の学習を楽しませたい。こうした素地的な活動が中学年以降の立体図形の学習につながっていく。

❷ いろいろな箱の観察・構成活動

　第4・5時では、下のような箱づくりの活動に取り組んだ。

六角柱の箱

四角錐の箱

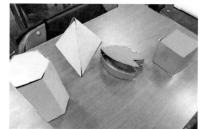
三角錐の箱・桜の形の箱など

　単元のはじめは、面をバラバラに写し取っていた子供も、複数の箱を作る過程で、面をつなげたり箱を転がしたりするなど連続的に面を写すよさを感じ、構成するようになった。これは4年生の展開図の学習にもつながる。

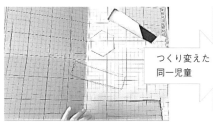

つくり変えた
同一児童

❸ 立体を構成する教具・遊具

　第6時の終末には、「サイコロ方式で広げたら曲面も平面になる」など身の回りの立体も平面で捉える見方が共有されていった。さらに球であるサッカーボールに対しても、五角形と六角形で構成されていることに着目し、同様の形が作れるのではないかと授業後に作ろうと試みる子供もいた。しかし、写し取ることや組み立てることが難しく途中で断念してしまった。

　そのため「ポリドロン」[1]を紹介し、学級で扱えるようにした。休み時間に遊びとして、色々な立体を作り、最終的にはサッカーボールの形を作ることができた。

　こうした遊具などを日常的に扱えるような学習環境デザインも、形に対する興味・関心を高め、立体図形の素地的活動を支える一助となる。

---

1) 「ずけいであそぼ！ポリドロン」東京書籍
　〈https://www.tokyo-shoseki.co.jp/polydron/what.html〉（最終閲覧日2019年8月20日）
　ポリドロンとは、幾何学的な形をはめあわせて、平面的な模様や立体的な造形を作れる遊具である。

算数科
第4学年

単元名 分数

基準を明確化し、分数を抽象的な数として高める授業

中村 真也

本時は「$\frac{3}{4}$ と比べられる分数はありますか」という問題を扱う。あらかじめ基準となる1がそろえられた数直線を提示するのではなく、これまで習ったことを使って、自分たちで基準をそろえることの必要性を実感させたい。そして徐々に範囲を広げ、図も活用しながら分数も数として抽象化し、四則計算できる数として認められるようにしたい。

1 めざす「こえる学び」

本実践における「こえる学び」とは、「分数の大きさを比べるときは、基準となる1をそろえること、基準となる1がそろっていることが大切だ」という子供の姿である。

導入では、第2学年から学習してきた分数を振り返り、基準となる1を意識しながら、比べられる分数の範囲を広げていく子供の姿を期待している。そして、大小比較を通して、基準をそろえることの必要性、単位（分数）のいくつ分を捉え、分数もこれまで学習した数と同じように四則計算ができるという見通しがもてるようにしたい。

2 「こえる学び」を生む学習環境デザイン

・比べられる数を問う発問

本実践では「$\frac{3}{4}$ と比べられる分数はありますか」と問う。$\frac{1}{4}$ のピザと言ったとき、元の大きさが問題になる。比べるときにこそ、基準を意識する必要性

が表出するであろう。また、比較できる数と認識できれば、どちらがどれだけ大きいのだろうと、計算への意識が向いたり、同分母だけでなく、異分母ではどうだろうと発想が転換したりすることが期待できる。

・基準となる1をそろえた図や数直線を教師が提示しない

　一般的に数直線上に並んだ複数の分数について、「大きさの等しい分数」や分数は「分母が同じであれば、分子が大きい方が大きいこと」や「分子が同じであれば、分母が小さい方が大きいこと」に気付かせ、理解させる。そのとき、あらかじめ基準となる1がそろえられたものが提示されるが、これまで習ったことを使って自分たちで基準をそろえることの必要性や単位分数のいくつ分を意識して、自分で図や数直線を用いて考えていくことが必要であると考える。

3 実践

（1）問題提示

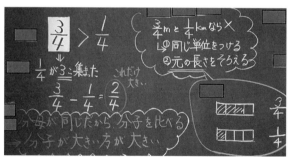

まず、「$\frac{3}{4}$」という数を提示し、どんな分数かを問うた。「1を4つに分けた3つ分」や「$\frac{1}{4}$が3つ集まった数」という確認をして、「比べられる分数はありますか？」と発問した。すると$\frac{1}{4}$という数が出て、「いくつ違うかも比べられるよという意見も出た。$\frac{3}{4}-\frac{1}{4}=\frac{2}{4}$という式や上の写真にあるような、テープ図も示された。ここで、「①同じ単位をつける」か、「②元の長さをそろえる」ことの必要性を確認しながら、分母がそろっているときは、分子で比べ、分子が大きい方が大きいことを再確認した。

(2) 分母がそろっていない分数はどうだろうという課題が共有される

次に、「$\frac{3}{5}$ も比べられる」という考えが出された。今までは分母
がそろっていたが、「こちらは分母がそろっていないから無理なの
では？」と問い返した。すると、「図に表したい」という意見が出た。

では、「図にすれば分かるって言うけど、みんなは分かる？」と問い、でき
そうだという反応があったので、自力解決の時間をとった。

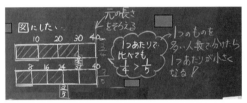 

その後、図で考えた方法が発表され（左上写真）、1の基準がそろった図で
あることを確認した。すると、この図を見て、「1あたりで比べられる」とい
う意見が続いた。図で $\frac{1}{4}$ と $\frac{1}{5}$ の部分を示しながら、それが2のとき、3のと
き……いくつ分であっても分子が同じときは分母が小さい方が大きいことを図
とともに説明する児童が出た。また、具体例を出して、「1つのものを多い人
数で分けたら、1つあたりが小さくなる」ことを説明する児童もいて、なるほ
どという声が上がった。そして、「分子が同じとき、分母が小さいほど数が大
きい」というまとめになり、分子が1のときや、分子が2のときで分母が違う
分数の大小関係の具体を記した。（右上写真）

(3) 分母も分子もそろっていない分数の大小比較へと興味が広がる

ここまできて、「分子と分母が違うときは？」という意見が出た。具体的に
は $\frac{1}{4}$ と $\frac{2}{5}$ のように分子と分母の数字がそろっていないときという例が出され
た。これは $\frac{3}{5}$ と $\frac{3}{4}$ について、ピザの図をかいて説明していたときであった。
私はその図の中に $\frac{2}{5}$ や $\frac{1}{4}$ が入っているのではなくて、別の発想だと最初思っ
た。だが、前に出させ説明させると、図の中の補数の部分を指し示して「あま
りの部分」のことを言っているということが分かった（右ページ写真）。そこ
で、「分母が同じ分数」と「分子が同じ分数」について考えてきたので、「どち

らも違うときは？」という発想であるということを押
さえた。

そして、$\frac{2}{5}$ と $\frac{1}{4}$ ではどちらが大きいか問うた。す
るとすぐに、ピザの大きさがそろっているから食べた
部分と考えれば、$\frac{2}{5}$ の方が $90°$ の $\frac{1}{4}$ より大きいとい
う意見が出された。$360° ÷ 5 = 72°$ なので、$72° × 2 = 144°$ と $90°$ の違いが
あると角度に着目して考える児童もいた。

算数

最後に、「$\frac{3}{4}$ と大きさを比べられる分数を考えるときに大事だったことは何
かな？」と発問した。すると、「1 をそろえて、（長さでも、ピザの大きさでも）
図に表すと比べられること」や「分子や分母がそろっているときのきまりを使
えば分かること」を確認して学習感想を書いて授業を終えた。

実践

> **子供のこえる姿が見えた瞬間**
>
> 　1 とした元の長さがそろったテープ図をもとに、$\frac{3}{4} > \frac{3}{5}$ だけでなく、
> $\frac{1}{4} > \frac{1}{5}$、$\frac{2}{4} > \frac{2}{5}$ など分子の数が同じときは分母の数が小さい方が分数
> としては大きいことを理解できるようになった。

4　まとめ

　本実践では「$\frac{3}{4}$ と比べられる分数はありますか」と問うことで、数直線や
図などを用いて、基準となる 1 をそろえて考える必要性や単位分数とそのいく
つ分を捉えることのよさに気付かせたいと考えた。

　はじめは、分母が同じ分数を比べた。どれだけ大きいのかも分かるとして、
図や式を用いて説明する姿が見られた。分母が同じときは比べられることが分
かると、自然と、「分母が違うときは？」「分子が同じだったら？」と発想を転
換させ、比べられる分数の範囲を広げていった。終末では、$\frac{2}{5}$ と $\frac{1}{4}$ のように
分母も分子も異なる分数の大小関係へと興味が広がっていき、そこからも「こ
える姿」を見ることができた。

分数の指導について

❶ 基準となる 1 を意識させる指導のポイント

例えば、$\frac{3}{5} + \frac{4}{5}$ では、$\frac{1}{5}$ が 7 個あるので、$\frac{7}{5}$ と表す場面で、$\frac{7}{10}$ と表現する児童がいる。図で表現をしても、図 1 の全体を 1 として $\frac{7}{10}$ と誤認識してしまう場面が起こる。このような場合、これまでの学習に立ち返り、基準となる 1 はどこかを意識させる必要がある。そして、様々な場面で 1 を意識させ「基準は何か」「単位分数のいくつ分になっているか」という思考を促したい。

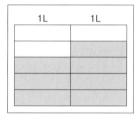

図 1

❷ 指導例

前述の実践では、「$\frac{3}{4}$ と比べられる分数はありますか」と問うことで、数直線や図などを用いて、基準となる 1 をそろえて考える必要性や単位分数とそのいくつ分を捉えることのよさを実感させることを目指した。

本時では、全体の数量が 1 ではないものを提示

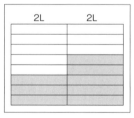

図 2

する。図 2 のように全体の量が 2L であるときの 2 量の和を考える。全体の数量が 1 の場面しか学習していなければ、$\frac{3}{8} + \frac{5}{8} = \frac{8}{8} = 1$ として和が 1L と答えてしまう場合がある。計算結果の 1 は 2L をもとにしたときの満杯状態を表すので実際には 2L が正しい。そのことは、実際に図 2 の左から右へ液量を移動させることでも確かめられる。そこで、これまでの学習を想起させ、「1L を

もとに考える」ことで解決を図る。
右の板書の中の1に着目すると、提
示された2量は $\frac{3}{4}$L と $\frac{5}{4}$L であり、
和を求めると2Lであることが理解
される。

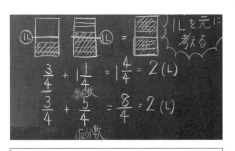

　また、色を塗った部分の長さが何
mかを問う問題も1を意識させる
のに有効である。全体量が2mであ
るから、1mをもとにしたとき、色
を塗った部分の長さが何mになる
か考える必要がある。例えば、2m
の $\frac{1}{3}$ ということは、1mの $\frac{1}{3}$ の2
つ分と考えることができる。右図の
ように、$\frac{1}{3}$ mの2つ分であるから、
$\frac{2}{3}$ mとなる。

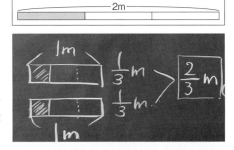

　さらに分割し、全体を6つに分け
て考える児童もいる。2mの $\frac{2}{6}$ と
なるが、1mが基準であるから、色
を塗ってある部分は、1mを3つに
分けた2つ分であり、数直線に表す
とより分かりやすく表現される。い
ずれにしても、基準となる1を意識
させることによって問題を解決する
ことができるのである。

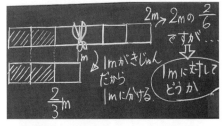

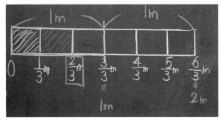

　これまで述べてきたように、基準を明確にすることが、分数の学習において
重要となる。「基準は何か」「1はどこか」「元はそろっているか」と自ら考え、
問えるように継続的な指導を行っていきたい。

単元名 割合

既習事項である割合を使って、問題解決する授業

加固 希支男

本時は「□円の買い物をします。割引券Aは1000円引き、割引券Bは40％引きで買えます。どちらの割引券を使いますか」という問題を扱う。2500円の品物を買うときは割引券Aと割引券Bのどちらを使っても同じになる。その理由を、割合の単元で学習したことを使って考えることで「割合は役立つものだ」という感覚を得られるようにさせたい。

1 めざす「こえる学び」

本時における「こえる学び」とは、「買い物の値段によって、割引券Aと割引券Bのどちらで買うかの判断が変わることに気付き、2500円の買い物をするときはどちらを使って買っても同じ値段になる理由を、割合を使って考える」という子供の姿である。

本時では、それまで学習してきた割合を使って、目の前の問題を解決する子供の姿を期待したい。そして、それが「こえる学び」だと考える。基準量や比較量、割合を求めるだけでなく、割合を使って問題解決をする経験をすることで、今までの割合に対する概念をより豊かにしていきたい。

2 「こえる学び」を生む学習環境デザイン

・買い物の値段を指定しない問題場面

子供が買い物の値段を決めながら調べることで、買い物の値段によって安く買える割引券が異なることに気付きやすくなり、「どちらの割引券でも、同じ

値段になる定価はいくらだろう？」という課題を子供が見つけやすくなる。

・数直線

　課題を解決するためには、子供が理解するための共通の道具が必要である。本学級では、小数倍の学習から数直線を扱い、かけ算やわり算の立式の根拠の説明など、乗除計算を扱う場合の共通表現としてきた。数直線を使うことで、基準量、比較量、割合の関係を捉えやすくなる。

算
数

3 実践

（1）問題提示

　「㋐スーパー（以下㋐）は定価の 1000 円引き、㋑スーパー（以下㋑）は定価の 40 ％引きで売っています。自分ならどちらのスーパーで買い物をしますか」と問いかけた。子供に買う値段を決定させ、どちらのスーパーで買う方が得かを

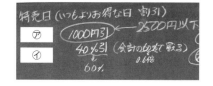

調べさせた。自力解決中に、数名の子供が「2500 円以下なら㋐じゃないか」など、問題の課題となるところに気付き始めていた。

（2）なぜ 2500 円が同じになるのかという課題が共有される

　定価 5000 円の場合、㋐は 4000 円、㋑は 3000 円で買い物ができる。よって、㋑の方がお得ということになる。定価が 1500 円の場合は、㋐は 500 円、㋑は 900 円になるので、㋐の方がお得ということになる。いくつか調べてみると、定価によってお得になるスーパーが違うことを共有していった。

　「定価が 2500 円の場合は、どちらでもいい」という意見が出され、確かめてみると、どちらのスーパーで買っても 1500 円となった。子供から「何か関係がありそうだ」という言葉が出され、「なぜ定価が 2500 円の場合は、どちらのスーパーで買っても同じになるのか」を課題にした。

没頭

　子供に「どうやって 2500 円が同じになることを見つけたのか？」と聞くと、「5000 円だと㋑で、1500 円だと㋐だったから、真ん中ぐらいの 2500 円で

調べてみたら同じになった」というように、試行錯誤で見つけたとのことだった。

(3) 1000 ÷ 0.4 ＝ 2500 の意味が明確になる

　最初、「1000 ÷ 0.4 ＝ 2500 になるから、2500 円になる」という説明がされたが、この式が「なぜ定価が 2500 円のときに、どちらのスーパーでも同じ値段になるのか」という説明には結びつかなかった。説明した子供は、40 ％と 1000 円という数を使って、答えが 2500 円になる式を作ったということだった。

　次に説明した子供は、「引いた分の 1000 円と 0.4 倍（40 ％）が同じということだから、1000 ÷ 0.4 をすることで、2500 円という答えが出る」という説明をした。この説明を聞いても、なかなか他の子供は理解ができず、納得が広がらなかった。

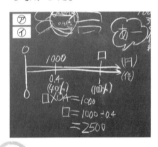

　以上の説明を聞いていた他の子供から「数直線をかけば分かる」という発言があり、数直線（左写真参照）をかかせた。数直線をかくためには基準量、比較量、割合の関係を正確に捉える必要があるため、多くの子供が納得できていた。

子供のこえる姿が見えた瞬間

　数直線というクラスで共有している道具を使うことで、基準量、比較量、割合の関係が明確になり、1000 ÷ 0.4 ＝ 2500 という式が何を意味しているのかを理解できるようになった。

　基準量と比較量が明確なときは、割合の学習を使って考えることは困難ではない。割合を使った場面として難しいのは、基準量と比較量を見つけ出すことである。そこで、本時で扱った場面のように、「基準量と比較量を見つけ、割合を使うことで解決できる」という経験をすることが重要である。そうすることで、割合を使って問題を解決する態度を養うことにもつながっていくと考え

られる。

　最後に、右下の写真のようなグラフで説明をした子供がいた。縦軸に引く金額、横軸に定価をとったグラフである。

　このグラフを見ると、定価と引く金額の関係が一目で分かる。⑦は定価が変わっても引く金額は一定で、⑦は定価が変わると引く金額も変わり、その関係は比例関係になっている。そして、定価が 2500 円のときに、⑦と⑦の引く金額が交わるということがイメージできる。このように、変化の関係について考える姿は予想外であった。

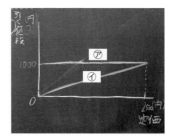

子供のこえる姿が見えた瞬間

　グラフを使って考える子供は一人しかいなかった。しかし、グラフを出した瞬間に、多くの子供からは「分かりやすい」という声が出された。定価と値引き額の変化の様子が一目で分かる。全体で共有していくことで、クラスのみんなが「こえる瞬間」となった。

4　まとめ

　「なぜ定価が 2500 円の場合、どちらのスーパーでも同じになるのか」という課題を、割合を使って解決する姿を見取ることができた。割合を使って問題を解決するためには、やはり、基準量、比較量、割合の関係を正しく捉えることが重要である。

　$1000 \div 0.4$ という式を立式しただけでは、理由を理解することができなかったが、数直線を使うことによって多くの子供は理解することができた。数直線のよさは、基準量、比較量、割合の関係を捉えやすくなることである。基準量、比較量、割合の関係を捉えることができれば、割合を使って問題を解くだけでなく、式の意味まで考えることができ、「こえる姿」を見ることができた。

数直線の指導について

❶ 数直線指導のポイント

　本実践において、クラス全体で共有したり、理解を図ったりするために必要だった数直線だが、数直線というのは日々の授業で使いこなしていないと、なかなか共通の道具として扱うことができない。

　数直線の指導として大切なことは、機械的にかき方を指導するのではなく、「二量の比例関係があるときに使える」「数直線にかけるときはかけ算（わり算）が使える」ということを理解させることである。

❷ 指導例

　下の写真のように、まずは具体物を使って数直線を導入していく。そして、「途中で太くなったら m と円が比例するかな？」と考えさせ、数直線がかけな

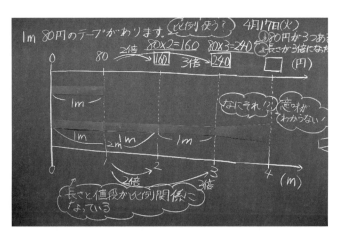

くなってしまうことを経験させる。

　×小数の学習の際も、数直線を使いながら、二量の比例関係を使って、かけ算になる理由を考えていく。そうすることで、今まで「いくつ分」と考えるときしかかけ算にできなかったが、「何倍」と考えれば、かける数が小数の時でもかけ算にできることが発見できる。

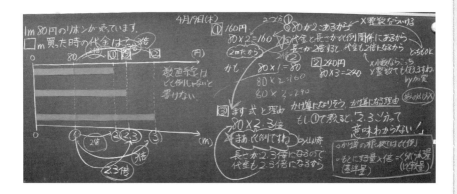

　数直線を使えるようになると、子供自身で計算の仕方も考えやすくなる。下の写真は×小数の計算の仕方を考えた様子を残した板書である。このときも、二量が比例関係になることを使って、かけ算やわり算を使って考えている。

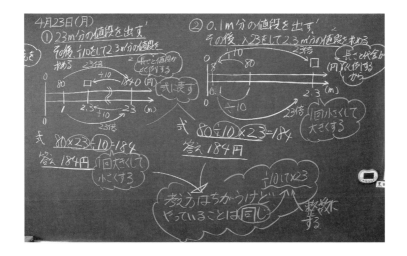

単元名 雨水の行方と地面の様子

自分事の問題と根拠のある予想から探究心を高める授業

三井 寿哉

本時は「雨が降ったときにできた水たまりの様子を観察しながら、土地の様子や姿を変える水」について考える学習を行う。水たまりができたり、なくなったりする現象の観察する際に、着目する視点を設けることで、児童は問題を得られやすくなり、根拠のある予想が発想できやすくなる。そして、それらの発想は探究心へとつながっていく。

1 めざす「こえる学び」

理科における「こえる学び」とは、「自然と向き合い、探究し、知を更新する子の育成」だと捉えている。本時における「こえる学び」とは、子供が「自分にとって新しい問題ではあるが、今ある知識や技能を使えば解決できるかもしれない。」という強い目的意識をもち、試行錯誤を通して粘り強く探究活動をする姿と考える。

本時は、雨上がりの水たまりが数日後になくなってしまった現象について考える。子供の「流れた？」「しみ込んだ？」「蒸発した？」という予想をもとに仮説を検証していく学習展開である。雨水が数日後になくなる現象は子供にとって当たり前のことである。しかし、これらの日常的な現象に対して科学的な見方がもてるようにすることが大切と考える。このために、教師は教材提示の仕方や活動を工夫し、生活経験や既習を十分に生かしながら解決に向けた活動を展開し、子供の探究心を通して日常の見方が科学的になる姿こそ「こえる学び」だと考える。

2 「こえる学び」を生む学習環境デザイン

・問題を自分事として捉える教材提示

　予想を立てた児童が実験方法や器具までを選定し、実験を行いながら試行錯誤していく活動に重点を置く。単元の特性を生かしながら、自由な発想で子供が活動できる場を大切にしていく。

・探究する学習環境

　子供が探究する姿を求めるために、実験の方法を児童自身に組み立てさせることにした。問題と出会い、「新しい問題ではあるが、今ある知識や技能を使えば解決できるかもしれない。」という気持ちを持たせてあげるスモールステップの学習環境を設けることで、「これまでの知識や技能を用いればなんとかなるかもしれない」という気持ちを起こす。本実践は子供にとって当たり前の現象である。しかし、科学的な見方がもてるようにするための教材提示の仕方や活動を工夫していくことで、探究心の高まりを求めていく。

3 実践

（1）時間的・空間的な見方で問題をつかむ

　雨天時の校庭の様子を観察した。子供は水たまりができているところに目が行きがちである（図1○）。そこで、教師が水たまりのできていない箇所に着目できるよう言葉かけをすることで（図1◎）、雨は均等に降っているのに水たまりができているところとできないところがあるのはどうしてだろうという疑問が生じた。数日後に校庭の様子を再度観察し、水たまりがなくなっていることを確認した（図2）。その様子から、子供は、

図1　○水たまりができているところだけでなく◎水たまりができていないところに着目させる

図2　数日後、どちらの地面も水たまりがなくなっていた

理科

ア：「どこか違うところに流れていったと思う（流動説）」イ：「土の下の方に
しみ込んだと思う（しみ込み説）」ウ：「姿を変えて空気中に消えていったと思
う（蒸発説）」という3種類の予想を挙げ、それぞれを検証したい気持ちが高
まった。以降、3つの予想を解決すべく、繰り返して検証した。本稿ではア
（流動説）についての予想の検証について具体的に取り上げる。

（2）根拠のある予想を発想する

　「雨が降ったとき、水たまりができる所とできないところにはどのような違
いがあるのだろうか」という問題をもち、予想を立てた（図3）。日頃から校
庭で遊ぶ子供は、地面の凸凹の違いが
水たまりのできる・できないに関係し
ていると考える子が多かった。特に
サッカーゴールの手前はシュートの際
に土を削るから、全体的に地面が低く
なっているのではないかと考えをもつ
子もいた。一方、地面の凸凹はあって
も水が流れるほどではないと考えた子

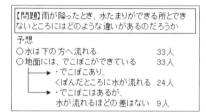

図3　凸凹している程度は子供によっ
て異なるイメージをもっている

供は、休み時間に校庭であまり遊ばない子が多い。生活経験の豊かさが概念と
関係し、予想を左右する。また、根拠を引き出すことで、同じ予想でも概念の
違いが明らかになり、その違いについて調べてみたいという気持ちは高まる。
水は低い方へと流れることは全体で確認できている。そこで、凸凹の程度、そ
の凸凹による水の流れについて調べる視点を定めた。

（3）実験の方法を児童で組み立てる

　予想したことを検証するための実験の方法を考えた。凸凹した地面に沿って
水が流れるかどうかを調べるために、地面の傾斜を調べる方法や、水の動きが
視覚で判断できる方法をいくつか組み立てた。

<u>実験　凸凹による水の流れを調べる</u>　　水の流れを調べるためには、地面に水
がしみ込まないように工夫する必要がある。子供は下敷きやペットボトルを使
い、水のしみ込みを防ぐ方法を考えたが、納得のいく結果が得られない。

自分の考えた実験方法を改善せざるを得ない状況である。

子供のこえる姿が見えた瞬間

　自分で考えた方法では納得いく結果が得られない。けど、絶対に自分の予想に自信があれば、異なった検証方法を考え出す。水のしみ込みを防ぎ、地面の細かなくぼみを再現できる柔らかい物としてラップフィルムの存在が意見として挙がったとき「こえる瞬間」となった。

　ラップフィルムを地面に密着させ、地面の高いと思われる所から水を流した。水は高い所から低い所へ細かいくぼみを頼りに流れていくことが明らかになった。最も低いところで水の動きはなくなり、そこに水たまりができることも観察できた（図4）。水以外で球を転がした場合も同じような結果になるか疑問をもった班は、自主的に球を用いて実験を行っていた（図5）。水は高い所から低い所へと流れることを結論づけ、科学的に説明できる成就感を得た。

没頭

図4　ブランコの大きなくぼみ（低いところ）に雨を降らしたとき、仮説の通り水の流れは見られなかった

図5　ラップフィルムは地面の凸凹を型どり、水をしみ込ませない。結果が明らかになった

4 まとめ

　観察、実験に没頭できるには、自分事としての問題設定と十分な予想が必要である。導入場面で子供が何気なく見ていた見方を崩し、友達の意見と照らし合わせることで、調べざるを得ない気持ちが膨らみ、探究心は高まる。探究心は子供の自由な発想を保障し、納得がいくまで調べ続ける姿に変わる。

自分事の問題をもち、予想できる指導について

　今ある問題は先生が立てたものか、子供が考えたものかで、その後の授業活動の子供の探究する姿は変わる。導入場面での子供の気付きをひたすら集約しても学級の学習問題にはならない。問題を子供自身のものとして得させるには、あらかじめ教師が問題をもち、子供がそこに気付くための見方や考え方が求められる。また、問題を得た子供に「予想したことを確かめてごらん」という一言の投げかけでは、検証方法を見いだすことは困難である。教師は子供がこれまでに何を学び、どんな手法を知り得ているのかを把握することが大切である。

　子供のもつ力を最大限に生かしながら思考を深め、領域の枠を越えて創造していくことで、自然の事物・現象を捉える科学的な見方をより豊かで確かなものにしていく姿こそ理科の「こえる姿」と考える。

❶　問題づくりから予想場面でのポイント

　本実践において、クラス全体で共有するべき「学習問題」。その問題がどれだけ自分事になっているかが大切である。いつも何気なく触れている自然の事物・現象に視点を設けて、じっくり観察する活動を設けることで、子供の「あれっ？」をつくり、また、友達同士の考えの「あれっ？」をつくり出す。

　問題は大きく捉えたものに設定するか、小さく捉えたものに設定するかはあらかじめ教師が決めておくようにする。単元の最初は大きく捉えた問題にし、そこから子供が考えた個々の絞られた問題を解決していく活動にすることも考えられる。本実践では大きな問題を設定し、そこから発想されたたくさんの予想を小さな問題に置き換えている。

② 指導例

　導入ではブランコの様子を観察していく。「水たまりのできるところはどのような地面かな？」と問いかけることで、地

面が「くぼんでいるところ」と答えられる。しかし、左写真のようなはっきりとした水たまりが見られない校庭の地面の様子をみると、「水たまりはできていない」と解釈する子供が多い。しかし、観察を続けると「浅いけど大きな水

たまりができている」「水たまりができているところとそうでないところがある」という今まで気付かなかった視点で地面を見ることができる。ここでは水たまりを部分的な視点と全体的な視点として見ることができるようにする。

　後日、校庭の水たまりのできていたところをもう一度観察する。水たまりはなくなっている。子供は、「水はどこへ行ったのだろう？」という疑問が浮かび上がる。子供たちは校庭を見ながら「流れたと思う。川ができていたもの」「土の中にしみ込んだよ。ぐじゃぐじゃの校庭を歩いたことがあるから」「空気の中に蒸発したんだよ。土が乾くって、言うから」と話し合いが起きる。時間

的、空間的な見方ができるような環境をつくることで、子供たちの話し合いは活発化される。

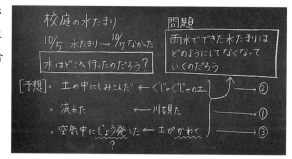

本実践を支える授業づくりのポイント　**79**

理科

単元名 電気の利用

粘り強く問題を解決しようと探究し、自己の考えを更新する授業

葛貫 裕介

「白熱電球に比べて、LED 電球はどうして省エネなのだろうか」という問題に対して、予想をもとに実験グループを編成し、実験方法を各グループで検討することで、協働しながら粘り強く解決しようとする探究心を高める。そして、複数の実験結果をもとに考察し、熱発生と消費電力の観点で LED が省エネである理由についての自己の考えを更新していく。

1 めざす「こえる学び」

本実践における「こえる学び」とは、子供たちが、習得した知識・技能と問題解決の力を駆使して、粘り強く問題を解決しようと探究し、LED が省エネである理由についての自己の考えをより科学的なものへと更新する姿と考える。

LED 照明器具の普及は急速に進んでおり、白熱電球や蛍光灯に比べて LED 電球が省エネであることは子供にとって当たり前である。そこで、省エネの理由を改めて問い直すことで、「余分な熱が発生せずに使う電気の量が少ない」という LED の省エネとしての特徴を実感させていきたい。

2 「こえる学び」を生む学習環境デザイン

・子供の「あれっ？」という気付きや疑問を生み出す事象提示の工夫

LED 照明の CM や東京都の LED 省エネ促進事業の紹介後、白熱電球と LED 電球を提示し、「どうして LED は省エネなのか」と発問した。互いの考

えを交流する中で認識のずれを感じ、疑問や問題意識もてるように工夫した。

・生活班に限定しない実験グループの編成

　自分の予想と近い考えの子供同士で実験グループを編成し、その予想を確かめるための実験方法を各グループで検討していく授業展開とした。

・必要な実験器具を臨機応変に用意できる場

　子供が自ら必要な実験器具を臨機応変に用意できるように、手回し発電機・コンデンサー・ミノムシクリップ・乾電池・簡易検流計・ストップウォッチ・放射温度計等をまとめて置き、自由に取れるようにした。

3 実践

（1）事象提示と学習問題づくり

　LED電球に比べて、白熱電球は周囲だけ温かくなり、使う電気の量だけでなく、電気の光や熱への変換も省エネの理由になりそうだと気付くことができた。

（2）予想の交流と実験グループの編成

　「同じ明るさにするため（明かりがつくため）に使う電気の量が少ない」「使う電気のほとんどが光に使われる」「同じ電気の量で長く明かりがつく」といった予想が出てきた。

　ここで、電流の大きさとは違う"電気の量"をどのように表すべきか、学級全体で実験方法のアイデアを出し合

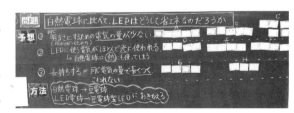

う場を設けた。すると、前時のコンデンサーにためた電気の量を豆電球の点灯時間で調べる学習や、下学年での簡易検流計を用いた電流の大きさを調べる学習等の経験を生かして、発想力豊かなアイデアが出てきた。各予想において、実験で確かめる視点を明確にした後、予想をもとに実験グループを編成し、各グループで実験方法を検討していった。

実践

（3）試行錯誤しながらグループで粘り強く問題解決

白熱電球の代わりに豆電球を、LED 電球の代わりに LED 豆電球を用いた。検討した実験方法と結果の見通しをホワイトボードに書き、実験器具を各自用意して、実験を行った。どのグループも役割分担を行い、常に意見を交換しながら協働して取り組んでいた。また、子供が実証性・再現性・客観性を大事にして、同条件で3回測定したり、実験手順に不備があればやり直

没頭

したりと、粘り強く調べる姿を見取ることができた。あるグループは、家庭科で使用経験のあった照度計と手回し発電機、簡易検流計を活用して、それぞれの電球が同じ明るさを示すときの手回し発電機で起こした電流の大きさを測定していた。別グループでは、同条件でコンデンサーに手回し発電機で電気をためて、コンデンサーとそれぞれの電球をつなげて20秒間点灯させた後、コンデンサーに残った電気の量を電流の大きさとして簡易検流計で測定していた。これまで習得した知識・技能と問題解決の力を駆使して、問題を解決しようと探究する姿を見取ることができた。

子供のこえる姿が見えた瞬間

グループで検討した方法を用いて、協働しながら実験に没頭していた。思ったような実験結果が出ないときは、方法が間違っているのか、予想が間違っているのか真剣に議論し、試行錯誤しながら粘り強く調べていた。

（4）実験結果を比較し、どの予想が確かめられたかを吟味

　実験方法と結果が書かれたホワイト
ボードを黒板に掲示し、学級全体で一
つ一つのデータについて妥当な実験方
法で信頼できるもの等を吟味し、ど
の予想が確かめられたのかを丁寧に確
認することとした。豆電球とLED豆

電球の表面温度の測定結果が、グループによって違っていたため、「実際の電
球の温度を知りたい！」との声が上がった。測定してみると、白熱電球は
145.2℃、LED電球は26.6℃を示した。「100℃以上も違うんだ！」「どうりで
触ったら危ないわけだ」と子供たちから驚きと納得の声が上がった。

　ノートに記述された考察には、ほとんどの子供が、他グループも
含めた複数の実験結果をもとにして、熱発生と消費電力の2つの視点でLED
が省エネである理由を解釈して自己の考えを述べることができていた。

往還

> **子供のこえる姿が見えた瞬間**
>
> 　他グループの実験結果にも注目し、余分な熱が発生せずに使う電気の量
> が少ないLEDの特徴を捉え、LEDが省エネである理由についての考え
> を見直し、修正し、より科学的なものへと更新する姿が見られた。

4　まとめ

　子供たちの探究心を高めるためには、扱う自然事象に対して認識のずれを実
感させ問題意識をもたせ、学習形態や実験器具等を工夫し、子供たちが観察・
実験に没頭できる学習環境を整えることが重要である。そして、高い探究心
が、自己の考えを深め修正し、より科学的なものへと更新していく原動力にな
る。そのためにも、問題解決の各過程において、子供の実態に即しながら、子
供たち自らが思考し判断する場面を、的確に設定していくことが求められる。

自己の考えを更新することを促す指導

❶ 自己の考えを更新するためのポイント

観察・実験結果や生活経験、他者の考え等と関係付けながら、子供自身が自己の考え（概念）を更新することは大変難しい。なぜなら、子供たちは、様々な自然事象に対して、学習前から自分なりの考えをもっており、時として、その考えはあまり科学的でなく、誤ったことも含まれているからである。そこで、理科の授業では、扱う自然事象に対する子供たちの考えについて、「予想として、考えを表出させること」「考えを比べ、広げさせること」「考察として、予想に立ち返り、考えを深め修正すること」を意識した指導が大切である。

❷ 指導例

（1）図や絵も使い、自己の考えを根拠として表出させる予想

下記のノートのように、問題に対して、根拠のある予想を発想し表現することで、子供の考えが表出される。子供自らが自分のもつ考えを自覚することに

もつながる。場合によっては、図や絵を使った方が説明しやすくなり、子供同士の考えの違いが明確になることもある。この考えの違いが、観察・実験の視点にもつながっていく。また、子供たちに対して、根拠のある予想には説得力が生まれることを実感させ、既習の内容や生活経験

をもとにして根拠を見つけ出そうとする態度を育むことも重要である。

（2）グループ内で考えの交流を促すホワイトボード

　高い問題意識をもって観察・実験に取り組むと、結果が分かり始めたときから、子供たちは自分の考えを活発に交流するようになる。グループで1つのホワイトボードがあると、結果を速やかに記録でき、「何が言える

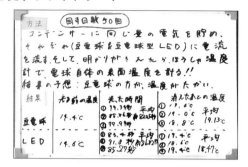

か」「次はどうすべきか」等、グループ内で考えの交流が促され、自己の考えを比べ、広げることにつながる。また、ノートへの結果の記録も欠かせない。そのためにも、観察・実験しながら、結果や気付いたことをその都度ホワイトボードやノートに記録する習慣づくりも重要である。

（3）予想に立ち返り、自己の考えを深め修正する考察

　結論の導出に向けて、結果をもとに考察することは大切なプロセスである。子供が学習以前にもっていた自然事象に対する自己の考えが、観察・実験によって、より科学的なものへ更新できるように適切な支援をする必要がある。そこで、学習問題や自分の予想に立ち返りながら、自己の考えを深め修正することが意識化できるように、「この結果からどこまで言えるのか」「今までの結果をまとめると何が分かったのか」「予想にはなかった新たな発見・気付きはないか」等のように問いかけていく。事実と解釈を明確にして、自己の考えを更新しているよりよい考察例を学級全体に紹介することも有効である。

　ただし、自己の考えの更新には、どれだけ探究心をもって学習に取り組んでいるかも大きく影響する。そのため、扱う自然事象に対して、どの子供たちも興味・関心や高い問題意識がもてるように、教材研究を十分に行い、事象提示や体験活動等の工夫をすることも忘れてはならない。

単元名 きれいにさいて　わたしのあさがお

あさがおに語りかけ、思いを寄せる栽培活動

齊藤 和貴

　栽培が容易で、大きな花を夏の間ずっと咲かせてくれるあさがおである。しかし、単に花を咲かせることが生活科のねらいではない。一人一人が思いを寄せ、愛着を感じ、命あるものとして大切に世話をする中で、あさがおが成長していく喜びを味わうことを大切にしたい。その中で、あさがおに語りかけられる豊かな感性を育てていきたい。

1　めざす「こえる学び」

　本単元における「こえる学び」とは、「栽培活動の中で生まれた気付きを学級で共有することで、新たな見方を見いだし、あさがおへの関わり方に生かすこと」である。気付きを生かすことや質的に高めることが生活科の大きな課題の一つにもなっている。入学したばかりの1年生であるからこそ、子供の気付きに言葉という形を与え、自分の気付きをもとにして、あさがおへの見方や関わり方を深める学びを経験させたい。

　本実践では、子供たちがあさがおに対して語りかける情意的な関わり方を大切にしている。その意味で、あさがおの成長を観察することに終始してはならない。もちろん、観察が不要ということではないが、観察のための観察では生活科の本質を見失うことになる。子供たちがあさがおに語りかけ、思いを寄せることができるように学習環境をデザインすることが大切である。また、子供たちが諸感覚を働かせながら関わることができるように、教師が意図的に支援したり、気付きを共有したりすることができるような活動の展開を大切にした。

・子供たちのよさを可視化する活動歴

　子供たちは活動しながら気付き、活動の中で考え、活動を通してあさがおへの関わり方を深めている。しかし、そのような子供たちのよさは、必ずしも子供たち自身に自覚されているものではない。そこに、教師の支援として、よさの自覚化を促す言葉かけやよさの価値付けをすることの意味がある。活動歴は、子供のすてきな姿を、教師の見取りと評価を通して学級に伝える手立てである。それによって、友達の活動のよさを知り、自分に取り入れることができるようになる。

・あさがおへのメッセージカード

　本単元で大切なことは、あさがおへの思いを深めることである。あさがおへの思いが深まれば、世話の仕方や観察の仕方が変わる。あさがおの成長が気になって、毎朝様子を見に行くようにもなる。そして、教師に気付いたことを報告してくれたり困っていることを相談したりするようになる。子供たちの思いを直接的に表現するのは、「観察カード」ではなく、手紙やメッセージカードの形式である。本単元では、「あさがおと対話する」「あさがおに自分の思いを伝える」という意識を強調するために、カードにラミネートをかけて防水にし、メモ用クリップホルダーで植木鉢にさすという工夫をした。

3 実践

（1）あさがおへの関わりを深める姿

　種まきをしてから1週間ほどで芽が出始めた。子供たちは自分のあさがおの芽がいつ出るのかと、心待ちにしている。登校すると、ランドセルを背負ったままベランダで、あさがおに水をあげている子もいる。雨の日だっておかまいなし。少しぐらいぬれてもあさがおを見に行く。身をかがめて視線を近づけ、そっと葉を裏返して観察している子もいる。このような姿を写真に撮り、授業で取り上げるときには、「『ありの眼』で見ているんだよ」と紹介して、活動歴の中に残した。すると、多くの子供たちが同じようにそっと葉に触れながら観察するようになった。教師の価値付け方で子供たちの関わり方も変わる。

没頭

実践

子供のこえる姿が見えた瞬間

　山田さんは、水やりをしていたとき、葉の「おもてがきいろだったのに、うらはきんいろでした。あさがおは、いろによってざらざらやつるつるやぼこぼこもありました。」とカードに書いた。「あり」のように視線を近づけ、諸感覚を働かせ、比較することによって、葉の色と手触りの関係を結びつけて考えることができた。

（2）自分の関わり方を問いかける

　本単元では、2回の手紙を書く活動を行った。1回目は、あさがおとの関わりが軌道に乗り始めた頃であり、本葉が出そろってきた時である。しかし、心を込めてお世話をしているにもかかわらず、どういうわけか葉が黄色くなって

しまった青田さんのような子もいた。青田さんは手紙に、「なんできいろになっちゃうの？　みずやり？　めんどうみる？　はなす？　あそぶ？たのしくしてあげたいな〜！」と書いた。自分の世話の仕方を問いかけているのである。もちろん、あさがおが答えてくれるわけではない。しかし、青田さんはその後、足しげく様子を見に行くようになり、自分の世話の仕方をさらに気遣うようになった。

往還

子供のこえる姿が見えた瞬間

　２回目の花が咲き始める頃に書いた手紙では、青田さんは元気を取り戻したあさがおに「かわいいな！」と書いた。心配な出来事を乗り越え、元気に成長しているあさがおに対する愛情を素直に表現していた。

4 まとめ

　あさがおとの対話を促し、思いを寄せる姿を求めるのであれば、あさがおとの関係の質、対話の内容に配慮し、体験と言葉を結ぶための学習環境デザインが大切である。そうすれば、手紙という形式ではなくても、あさがおと関わる自分自身が表現され、吹き出しも対話を支える重要な役割を果たす。生活科で大切にしたいことは、対象化した観察ではなく、愛着を深め、自分の体験を表現することであることを見失いたくない。

体験と言葉をつなぐ語彙指導

❶ 生活科での語彙指導のポイント

　あさがおの栽培活動は、入学して間もない子供たちの活動である。そのため、自分の気付きや感じたことを表現する語彙も限られている。まして、カードに書くということはハードルが高くなる。どのように書いたらいいのか、書いてもいいのかを探っている時期でもある。「うれしい」だけでなく、「面白い」「不思議」というあさがおへの感性を育て、子供たちが自分の体験を言葉にすることができるように、国語との関連的な指導を積極的に図りたい。

❷ 指導例

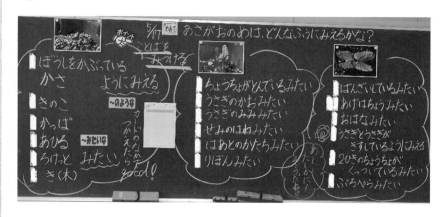

　種まきをして子供たちが最初に心が動く場面は、あさがおの芽が出てきたときである。その時の子供たちの表情はまぶしいくらいに輝いている。しかし、そんな感動をカードに書かせると、「うれしかった」と書くのが精一杯である。

もちろん、それが1年生の実態であり、発達段階である。けれども、子供たちが教師に報告してくれるときの言葉やあさがおを前にしたときのつぶやきは、もっと多様で個性的であり、魅力にあふれている。言葉の面白さに驚かされる。

　板書記録のようにあさがおの芽の写真を提示し、どのように見えるのかを話し合った。自分らしい言葉を見つける場を設定することは、同じものでも多様な言葉で感性豊かに表現することができることに気付かせてくれる。「正解」があるのではなく、自分にぴったりくる言葉を探すことの楽しさや面白さを味わわせてあげたい。子供たちは似ているものを探し、「たとえる」ことの面白さに気付いてくる。自分の生活経験や既有の語彙を引き出しながら言葉を探している様子が伝わってくる。「うさぎの顔」や「うさぎの耳」、そして「せみの羽」……。あさがおの芽から引き出されてくる言葉の自由さを、みんなで楽しむことができた。3枚目の写真を提示したとき、「プロペラみたい」と発言してくれた福井くん。すると、多くの子供たちが「あ〜、確かに！ そうだね。」と口々に言った。福井くんの個性的な捉えに共感した子供たちの素直なつぶやきであり、一つの言葉をきっかけに学級が一つになった瞬間であった。このような経験は、自分への自信と仲間への信頼も育む。

　生活科の体験があるからこそ、このような語彙指導が楽しくなる。右のカードの「かきみたい」という言葉に思わず納得してしまう。別の子の「うしみたい」という表現も、ユーモラスで楽しい。生活科の体験を語彙指導の題材にする場面は、まだまだたくさんあるであろう。

あさがおのはっぱがかきみたいだったよめがきみたいだったよあさがおがきらきらしてたよ

単元名 車のおもちゃをつくって、あそぼう

試行錯誤を繰り返しながら、遊びの面白さを感じる授業

富山 正人

本単元では、ゴムや風、空気の力を使って動く車のおもちゃをつくる活動を行う。おもちゃをつくり、遊びの面白さを感じるためには、試行錯誤を繰り返しながら、遊びや遊びに使うものを工夫することが大切である。子供たちが活動に没頭し、面白さを感じながら試行錯誤を繰り返し、より楽しみながら遊ぶことができる学習環境デザインを試みた。

1 めざす「こえる学び」

本単元における「こえる学び」とは「子供たちが活動の中で直面する問題に対して試行錯誤を繰り返しながら解決し、遊びやおもちゃを工夫してよりよいものにしていくこと」である。

例えば、車が、すぐに壊れてしまう、思うように進まないといったような、もっといいおもちゃにしたいという思いの実現に向けて活動を展開していく中で出てくる姿である。また、「ゴムを使って、車を走らせたいけど、ゴムがうまく使えない」「風をうまくつかまえて走らせたいけど、どうすればいいかな」というように、素材との関わり方を試行錯誤しながら、うまく動力とするゴムや風の力を活用できるようになり、遊びを楽しんでいる姿である。

2 「こえる学び」を生む学習環境デザイン

・思いっきり遊べる環境

より遠くに走らせたいというように記録にこだわる子もいれば、友達との競

争を好む子もいるであろう。オープンスペー
スやベランダ等も活用しながら、子供が空間
的な窮屈さを感じることなく遊べるようにし
ていく。また、チョークやテープなども利用
して、新記録を残したり、競争できたりする
ような環境構成に配慮する。また、子供たち

の遊び方の変化に対応しながら、場を再構成していく必要もある。

・子供の作品を教材として活用すること

　活動が展開されていく中で、自分のつくった車よりも、隣で遊んでいる子供
の車がよく進む、遠くまで進むといったことが起こってくる。そのときに、
「あの子みたいに速く進ませたいな」という思いや願いが出てくる。友達の車
がその子にとっての見本となったり、課題解決のヒントになったりするよう

に、声かけをしたり、子供たちを集めて比べ
てみたりすることを促していきたい。また、
子供とともに課題をつくっていく中で、前時
の板書記録や振り返りカードも使いながら、
活動を進めていく必要がある。

③ 実践

（1）素材のもっている面白さを感じる

　単元の導入では、ゴムや風船などの身近なもので遊ぶ活動を行った。子供た
ちに風船とゴムを見せて、これらを飛ばして
遊ぶ活動を提示した。また、遊び場にはスト
ローなどの身近なものも用意し、ゴムや風船
などの動力となるものと組み合わせて遊ぶこ
ともできるようにした。子供たちは、ゴムを
飛ばしたり、膨らませた風船を飛ばしたりし

て遊ぶことが多かった。活動の振り返りでは、それぞれの動力とその扱い方についての気付きを共有した。風船は、自然の風に流されるということと、風船からでる空気の力で飛ぶということで、また、子供の意見の中には、「風で風船が運ばれるけれど、風の向きが大切」という気付きもでた。これは、単に風の力に気付いていることにとどまらず、それをどのように扱えばよいかということに関わる気付きでもあった。子供の中には、風がないときでも、「口から風をふけば遊ぶことができる」「下敷きを使ってあおいでもとぶんじゃないかな」という意見も出た。単元の導入では、風や空気、ゴムの力を使った遊びに没頭しこれらの遊びから素材のもつ面白さを感じる子供たちの姿があった。

子供のこえる姿が見えた瞬間

　風船が風の力で飛んでいくことと関連して、重さに関する気付きも出てきた。子供たちの中には、風船をボールのようについて遊ぶ子供もいた。最初は、うまく遊ぶことができなかったが、途中から風船にテープを貼って遊ぶことで上手に遊ぶことができるようになった。その後の振り返りでも、重ければ重いほど、力の影響を受けにくくなるということにも気付いていた。遊びの中で繰り返し対象と関わることで、気付きが深まった場面であった。

（2）おもちゃをもっと工夫しよう

　車をつくり、動力となる風船やゴムを取り付けて走らせてみる時間で、姫野さんは、車をより遠くへ走らせるために風船から出る空気の力と風の力の2つの力を組み合わせた。だが、最初はあまり進まずに満足いかない様子であった。その様子を見ていた友達からアドバイスをもらい、風船と風を受ける帆の

位置をかえた。

　それまでは、帆が前にあり、風船が後ろについていたが、それでは、帆が大きすぎて風船が十分に膨らんでいないことを指摘されたのである。同じ車のおもちゃをつくるという共通した土台があったからこそ、まわりの友達も考えることができたのである。

子供のこえる姿が見えた瞬間　　　　　　　　　　　　　往還

　姫野さんは、自分が作った車のおもちゃにさらに改良を加えようとした。動力の部分ではなく、自分の車本体を改良しようとした。それまでティッシュペーパーの箱を車体としていたが、発泡トレイにした。それは、「もっと軽い方が、遠くへ進むかもしれないから。」という理由であった。第１次での素材体験が、車づくりに生きた場面であった。

4 　まとめ

　素材体験の時間や場を十分にとったことで、素材体験を思い出しながらおもちゃづくりに取り組む姿を見ることができた。また、おもちゃづくりでは友達の存在が大きい。話し合いの時間をとるだけでなく、関係の質に着目し、活動の中で、子供たちが自然と相談を始めるような場づくりをする必要がある。

生活

振り返りカードについて

❶ 振り返りカードの活用のポイント

　生活科では、気付きの質を高めるために、直接対象と関わる体験活動と表現活動を相互に行うことが大切である。充実した体験活動の中に様々な豊かな気付きがあるが、それがその場その場で立ち消えしてしまうものとなってはもったいない。体験と表現を連続的・発展的に繰り返しながら、活動の質が高まっていくものである。授業の終わりに振り返りをするだけでなく、本時を、前時やこれまでの常時活動とのつながりの中で捉え、子供たちが、振り返りを通して、対象を捉え直したり、見通しをもったりすることが大切である。

❷ 指導例

　おもちゃづくりの学習では、子供が様々なおもちゃ作りに取り組んでおり、子供たちの中で学習の進み具合がバラバラなことが多い。おもちゃをつくって遊んでいる子供がいる一方、なかなかおもちゃがで出来上がらずに作っている段階の子供もいる。学級としての方向性は同じだが、それぞれの直面する問題は異なっている。

　振り返りカードは、子供たち一人一人の中で、前時と本時がつながり、本時の活動の方向性を決めるために大切である。右ページのカードは本単元において使用した振り返りカードである。

　まず学習の最初に、前時の振り返りや今の車の状況を確認して、もっと車を速く走らせたい、まっすぐ走らせたいというように子供の思いや願いから本時のめあてを決める。それから、そのために何をすればいいかという見通しをも

つ。見通しをもつときに、子供たちの中には、何を変えればいいのか分からないという子供もいる。本単元では、ここで直面する問題を共有する時間や気になる友達の車を見に行ったり、友達に自分の車のことで相談したりする時間をとった。車という共通の土台があるため、相談もしやすく、相談された子供にとっても、問題解決につながるアドバイスをしやすかった。この時間を入れることにより、より多くの子供が自分の本時のめあてに対し取り組みやすくなる。

そして、最後に本時の振り返りの時間をとる。そして、振り返りの中には、取り組んだことや、うまくいったことだけでなく学習の中で新たに出てきた問題などの次の時間で取り組みたいことについても書くように声かけをした。これにより次の時間の活動は、この振り返りを見返すことで前時の問題が確認でき、前時と本時をつなぐことができる。

活動の前に前時と本時を、また、活動の終わりに本時の振り返りを行うことにより、活動やその中から生まれてきた気付きがより連続的なものとなる。振り返りを通して、子供の活動がより一連のものとなるように心がけたい。

◎やってみること
今日の学習で問題解決に向けて試してみることを記入する。ここで友達と相談する時間を確保した。できる限り具体的に記入するように声かけをする。

◎今日の活動の振り返り
活動での気付きや改善された点、活動の中で新たに出た問題点を記入し、次の時間につながる振り返りとなるように指導した。

車のおもちゃをつくってあそぼう！
　　　　月　　日　名まえ（　　　　　　　）
◇きょうの目ひょう
　車をもっと、
◇そのために・・・

◇きょうのふりかえり

単元名 跳び箱を使った運動遊び

「こんな運動遊びってできるかな？」を活動の足掛かりとした授業づくり

佐々木 賢治

　授業の中で、運動の技能だけでなく様々な「できる」を認めて自尊心を高め、全員が「運動が好き、体育が楽しい」という気持ちをつくっていきたい。「やってみたい」と挑戦したくなる雰囲気と場をつくり、友達と関わる場面が多く発現するような「仕掛け」を用意していく。その中で、「できるようになった」喜びも「運動が好き、体育が楽しい」の気持ちにつながっていくであろう。

1　めざす「こえる学び」

　器械運動の特性として「非日常性」が挙げられる。日常生活では行うことのない身体の使い方で、「腕支持感覚」「逆さ感覚」など普段の生活では養いにくい運動感覚や動きを身に付けることができる。また、自分の体を「こんなふうに動かしたい」と意図的な身体操作を学ばせることができる教材でもある。1年生では、固定施設、鉄棒、マット、そして跳び箱を使った運動遊びをバランスよく配列したい。それぞれの運動の特性を味わいながら基礎的な感覚づくりを継続的に行わせていくことが大切である。

　本実践における「こえる学び」とは、「いろいろな動き遊びを通して、運動がより好きになる」こと。場に誘発される面白さを感じ、自発的に運動遊びに参加していくことを通して、自分なりに動きを追求したり、仲間と共に高め合ったりしていく姿を期待する。「この場でこんなことができるかな？」と発問することで、子供たちの挑戦意欲をくすぐり、友達と試行錯誤しながら楽しく運動に参加させていく。また、跳び箱だけではなく、遊び感覚で取り組める

用具などは、どんどん活用した場を工夫していきたい。

2 「こえる学び」を生む学習環境デザイン

　跳び箱を使った運動遊びで、子供に身に付けさせたい感覚として、「腕支持による重心や体重の移動」「両足での踏み切りからの身体操作」「体の投げ出し」を重点とする。本単元での大きな柱となる活動の場づくりにおいて、その場でどんな力を身に付けさせたいのか教師の意図を明確にもつことは重要である。これまでの学習をつなげ、子供の実態を踏まえつつ、活動の実際を擦り合わせながら、以下の手立てを柱として学習環境をデザインしていく。

　○「これならできそうだ」からスタートする活動の場づくりと場の発展

　・身に付けさせたい動きの明確化と子供の実態の見取り。

　・コンセプト「こんな遊びができるかな？」による多様な動きを引き出す問いの在り方。

　○合言葉は、「友達と自分の動きを比べよう」

　・自分なりの動きのコツを追求していく中で、友達の動きをもとにして、そのコツを見いだせるような見方、考え方を促す。

　・動きのコツや楽しさ、難しさを自分なりの感覚や言葉で伝え合えるような素地を養う。

　○安全に安心して運動に取り組める場や用具を保障する

　・安全に活動ができるよう、きまりや約束事を更新していく。

　・運動が苦手な子も安心して取り組める動きや遊びの課題を提示し、恐怖心を取り除くよう場や用具に配慮する。

3 | 実践

(1) 場の設定

〇手の突き放しや重心の移動の感覚

（平均台の跳び越し遊び・丸椅子跳び）

〇逆さ感覚や腕支持感覚（壁登り逆立ち）

〇空間での位置感覚、踏み切り感覚、バランス感覚

（ステージからの跳び下り・ステージへの跳び乗り）

〇体の投げ出しや体重移動の感覚

（台上へのウサギ跳びや台上からのウサギ跳び・連結した跳び箱へのまたぎ乗り、またぎ下り・セーフティマットへの跳び込み・カタツムリマットへのまたぎ乗り、支持渡り、またぎ越し）

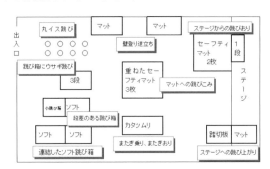

(2) 新たな挑戦課題

第3時より、ソフト跳び箱を2つ連結した場とセーフティマットを2枚重ねた場を加えた。カタツムリマット（長いマットを丸めてロール状にしたもの）で体の投げ出しや体重移動の感覚を身に付けた児童が多くなってきたため、「ソフト跳び箱を連結した場でも同じようにできるかな？」と投げかけた。すると、助走を長くとって遠くに跳び乗ろうとした児童が多く、危険な着手と感じる場面が多かった。助走の距離を制限し、跳び箱にまたぎ乗った後の体重移

動を意識させるようにした。

子供のこえる姿が見えた瞬間

　セーフティマットを2枚重ねた場では、助走から両足で踏み切ってウルトラマンのように体を投げ出し、マットに跳び込むような動きを見本として示した。「フワッと浮かんでみよう」と投げかけると順番を争うように取り組み始めた。

　第6時では、新たに丸椅子数台をリズムよく跳び越える場、ステージからセーフティマットへ跳び下りる場を追加した。馬跳びの上達が、リズムの良い丸椅子跳びにつながっている様子を見取ることができた。そこで、二人組で並び合い、「お隣さんと同じリズムで跳び越せ | 没頭・実践 | るかな？」と投げかけた。お互いに「トン、パッ、トン、パッ」と声をかけ合いながら取り組む姿が見られた。ステージからの跳び下りには、ステージに1段の跳び箱を置き、2〜3歩の助走から、跳び箱に片足で跳び乗って、なるべく高くジャンプして跳び下りるような動きを見本として示した。「ちょっと怖いと思ったけど、体が浮く感じがするよ」とこちらも人気の場となった。

4 まとめ

　単元の前半は、グループごとに場をローテーションして、その場に合った動きを高め合う活動を中心とした。後半では、自己の課題に合った場を選択させて取り組めるようにした。「うまくできなかった動きを繰り返し練習できるからいい」と子供たちの評判も上々である。また、その場で集まった仲間同士でうまく教え合ったり、アドバイスし合ったりできる場面が増え、大きな成長を感じ取ることができた。

低学年の体育授業で大切にしたいこと

❶ 「運動が好き、体育が楽しい」

　「運動して体が心地よかった」「友達と協力できて楽しかった」「ルールを守って仲良く楽しくできた」などもある意味で「できる」ことの一つと考えられる。授業の中で、運動の技能だけでなく様々な「できる」を認めて自尊心を高め、全員が「運動が好き、体育が楽しい」という気持ちをつくっていきたい。また、子供に味わわせたい「動きの面白さ」とは、動きの中で体が感じる心地よさや気持ちよさである。思った通りに体を動かせるようになった感覚も面白さとなっていくであろう。子供たちは、運動や遊びの中で繰り返しその面白さを楽しんでいる。仲間が増えれば、そこに関わり合いが生じ、動きや遊びがさらに発展していくものである。仲間と共に動きの面白さを味わい、夢中になって取り組む姿が持続するよう学習を展開していきたい。

❷ 主体的・対話的で深い学び

　新学習指導要領では、「主体的・対話的で深い学び」の実現に向けた授業改善が求められている。本単元では、授業改善の視点として「友達と自分の動きを比べよう」を合言葉にその実現に迫っていく。この時期の児童には、活動の中で実際に自分がどのように動いているのかを理解するのは難しい。だからこそ、友達の動きをよく見て、感じたことを自分の感覚で「こうだったよ」と伝え合う活動を促す。そういった共感的、協同的な活動の中から、よりよい動きの吟味も生まれてくるであろう。ペアやグループでの活動を活発化できるよう仕掛けていく。

それでも、発達段階から考えた場合、自分がやりたいことに夢中になる時期である。友達よりも自分が中心であって当たり前だろう。友達の動きを見るために、活動量や挑戦する機会が減ってしまっては、子供の意欲を削ぎかねない。教師が一方的に「友達と対話しなさい」と押し付けては、子供にとって意味のない活動となってしまうであろう。そのあたりのバランスが難しいことは、十分に理解しているつもりである。しかし、運動の見方、考え方をこの時期から丁寧に扱い、育んでいくことが、子供たちの今後の体育学習に生きていくものと考える。

❸　運動に対して積極的でない子への配慮

　本学級は、比較的運動が好きな子供が多い中、やはりまだ一部の運動に対しては、積極的になれない子供も見られる。本単元で考えられるその要因は、「できないことへの不安」と「痛い、怖い」の恐怖心であろう。単元のはじめは、誰もが取り組め、これならできそうだと感じ

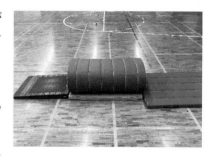

ることができる場を用意する。子供たちの実態や活動の状況を見取り、さらに動きを高めていけるように場を発展、工夫していく。

　また、子供たちにとって安全に活動できる場を保障する。一方で、子供たちに決して無理をさせないことも必要だろう。これまでも意欲旺盛な子供たちに「ヒヤリ」とする場面は度々あった。一度痛い、怖いと感じた恐怖心は、なかなか消えないものである。準備や片付けの仕方から細かく丁寧に、子供たちに向き合わせていきたい。

　低学年の２年間を見通し、中学年までに、どんな運動感覚や資質・能力をどの領域、内容で身に付けさせるのかといったカリキュラムマネジメントも重要であろう。

単元名 ハマトランドであそぼう

子供が運動の面白さに没頭する授業

濵田 信哉

本単元は、「器械・器具を使っての運動遊び」である。体育館内に、マットや跳び箱を様々な形で配置した「ハマトランド」において、子供たちは遊び方を工夫し、友達の動きのまねをしたり、友達と競争したりしながら自由に遊ぶ。

子供たちが運動に没頭し、子供たちがキラキラとした笑顔いっぱいに活動に取り組みながらも、「できるようになりたい！」という真剣な眼差しになる瞬間も大切にし、体育学習における「遊び」ならではのよさについて探求していく。

1 めざす「こえる学び」

本校体育科部は、「こえる学び」を、三位一体の対話を通して、運動の面白さに没頭し、その面白さを追究する姿にあると捉えている。つまり、「運動に没頭・実践し、学びを更新すること」「自己・他者・運動を各々往還し、学びを創造すること」、これらによって生まれる姿である。

本単元における「こえる学び」とは、忍者の動きを身につけるための「忍者修行」というコンセプトの中、跳び箱やマット、セーフティマット、平均台等の器械・器具を使い、子供たち自身が「忍者修行」としてふさわしい遊びの場をつくり出すところから始まる。自分たちがつくった場において、楽しそうに遊びに没頭している姿。数種の場が様々な形で用意されるものの、共通のコンセプトをもつことで、自己・他者・運動との対話が活性化され、教師が期待している「こえる学び」の姿以上のものを見せてくれることと期待している。

2 「こえる学び」を生む学習環境デザイン

・ストーリー性のある学習展開

　表現リズム遊びにおいて、まずは様々な昆虫や動物の動き方を模倣し、それらの動きの特徴を捉えることやその生き物になりきることを学んだ。その後、忍者の動きに着目し、その特徴を捉えて忍者になりきり、曲に合わせて踊ったり駆け回ったりした。本単元では、その後発単元として忍者というコンセプトはそのままに、「忍者の動きを身に付ける」という学習ストーリーのもと、学習を展開していく。

・子供たちが没頭しやすい場づくり

　場つくりにおいては、カイヨワのいう遊びの4要素「アゴン（競争）」「アレア（偶然）」「ミミクリ（模倣）」「イリンクス（めまい）」を大いに意識しつつ、それらを生み出しやすい場を意図的に設定する。子供たちが遊びに没頭することで、忍者としての「技」の高まり（運動基礎技能の習熟）をねらう。

（1）導入

　まず、表現リズム遊びの際に、自分たちが忍者になりきって踊ったり走り回ったりしている動画を視聴し、「忍者らしくてかっこいい動き方」について意見を出し合った。その後、子供たちが意見として出した「足音をたてずに走ったり跳び下りたりできる」「素早く回転して逃げる」「手裏剣がうまい」「隠れるのがうまい」「いろんな回転技ができる」などの技を身につけるべく、忍者修行の場「ハマトランド」において、忍者修行を行うことを告げると、子供たちからは大きな歓声があがった。

没頭

（2）忍者修行体験 at ハマトランド

　8種の場において、モデルとなる動きを提示した上で、「自分たちで修行の仕方は工夫してよい」ことにした。1ターン目は、まずは全ての場を体験できるようにと、グループごとに1つの場を5分ずつ行った後、次の場へ移動するよう指示したが、遊びに夢中になり、次の場には行きたがらない子供も多数見られた。

　結果、1単位時間においては1グループ4種の場を経験するにとどまり、2単位時間で8種全ての場を経験することができた。その後、タブレットPCで撮影した動画とそれぞれの考えをもとに学習を振り返り、それらを生かして、忍者修行を行うことにした。

没頭

(3) 忍者修行 at ハマトランド

①舞台下にセーフティマットを敷いた場では、舞台上から跳び下りや前回り下りを、並列にロングマット敷いた場では、前回り3回競争を行ったり、ブリッジした友達の下を素早くくぐったりした。跳び箱を連結して置いた場では、腕立て渡りをするなど、様々なアイデアが生まれ、キラキラした笑顔で汗だくになりながら挑戦していた。

実践

子供のこえる姿が見えた瞬間

「でんぐりがえりができない」「マット遊びは嫌い」「逆上がりができない」「跳び箱は失敗したら痛そう」。そんなふうに思っていた自分自身のことを忘れ、「ハマトランド」での忍者修行に夢中で挑んでいる。「修行」といえど、自分たちが自ら考えた「遊び」であるから、子供たちの動きをより活性化させる。その姿はまぎれもなく「こえる姿」であり、それは、さらなる「こえる姿」を生んでいくために必要な姿でもある。

4 まとめ

「遊び」というカテゴリーの中にあるとはいえ、体育の学習。教師として、「運動の基礎感覚が養えるように」という思惑をもって動きのモデルを提示したものの、子供たちはそれらを数段上回った形にし、面白い遊びに変えていく。子供は遊びづくりの達人であり、最適な実践者である。

体育

子供が運動に没頭する環境づくり

① 子供たちを夢中にさせるストーリー

　低学年の児童は、一般的に自己中心的であり集団としての関わりが希薄であるため、自分だけが楽しめればよいといった傾向がある。しかし反面では、創造性に富み、時にすばらしい発想を見せてくれることも多々ある。活動に、必要感と意欲をもたせることで、子供たちの目の色も動きも変わる。

　具体的な方策として、共通のコンセプトをもとに１つのストーリーを作成し、体育科の年間カリキュラムをマネジメントする。本単元で言えば、「忍者」がそのコンセプトである。「表現リズム遊び」において「忍者」になりきって動き回り、本実践で示したように、跳び箱やマット、セーフティマット、平均台等の器械・器具を体育館に設置した「ハマトランド」と呼ぶ場を使って「忍者修行」と称した「器械・器具を使っての運動遊び」を行う。器械・器具の設置の仕方や遊び方については、子供たちの声を取り入れてはいるものの、そこで十分な運動を行うことによって、腕支持や逆さ感覚、着手や着地、定位感覚等の運動の基礎感覚が養えるものにしたい。これらの動きは、常々「折り返し

の運動」の中で行っている動物歩きの中で養われつつあるものでもある。子供たち自身が動きの中でそれらの学習と往還させながら高めていってもらいたい。

今後の展開としては、後発単元である「鬼遊び」「ゲーム」領域において、本単元で培った忍者の動きを意識させながらつなげていきたい。このようなストーリーにのせて学習を進めていくことは、子供たちのスムーズな往還を促す効果も期待できる。このように、体育学習にストーリーをもたせ、カリキュラムを構築することで、子供たちの学習に「没頭」「実践」「往還」が生まれる。

他のストーリーを用いた実践についても考えてみる。

本校の特色として、自然が豊富な上、様々な生き物を飼育していることもあり、動物に興味をもつ子供が多い。また、2学期には遠足で動物園に行く。生活科の時間には図鑑で動物について調べ、図工の時間には好きな動物の絵を描く。そこで、コンセプトは「動物」。折り返しの運動で「動物歩き」を行い、「表現リズム遊び」においては、「動物模倣」及び「曲に合わせ、お気に入りの動物になりきって動き回る」。「器械・器具を使っての運動遊び」においては、「チーターのように素早く」「チンパンジーのように綱渡り」「カンガルーのようにジャンプ」など、動物の特徴をもとに、それらの動きを身に付けることを目的とした場づくりを行う。各学校の特色やその年々の子供の実態に応じ、子供たちが運動に「没頭」するであろうストーリーを作成し、体育のカリキュラムを考えていくことをおすすめする。

単元名 ソフトバレーボール

運動特有の面白さを追究する授業

今井 茂樹

本実践は、「ソフトバレーボール特有の面白さとは何か」を整理し、児童がその面白さに没頭し、学びを深めていく姿を目指した。その視点となるのは、「攻防のバランス」である。攻めと守りが同等であること、すなわち攻防のバランスが保たれるよう、ワンバウンドありのルールを工夫した。連携して返球し、得点することの面白さを味わえるようにしたい。

1 めざす「こえる学び」

体育科における「こえる学び」とは、「運動に没頭・実践し学びを更新すること」「自己・他者・運動を各々往還し、学びを創造すること」、これらの結果として得られた自己更新を示す。「こえる学び」に欠かせないことは、その運動の面白さに没頭することである。ソフトバレーボールの面白さを「自陣コート内では相手にじゃまされないという特徴を利用しながら攻撃を組み立てて、相手が返せないようなボールを手で打って相手コートへ送り、相手がそれを返せないときに得点になるという形で勝敗を競い合うところに面白さがある」と整理した上で、「こえる学び」の姿を目指した。

これまでに目にしてきたソフトバレーボールの実践では、連携プレーを学習内容の中核としながらも、単発返しが目立ったり、ラリーが成立しなかったりすることが多く、意図的な連携プレーの創出は少なかった。そこで、技能的に易しくなるだけでなく、考える時間が生まれ、意図的な連携プレーが創出されるよう、ワンバウンドありのルールを採用した。そのことによって、自己・他者・運動との対話が活性化され、自己更新する姿が期待できるのである。

2 「こえる学び」を生む学習環境デザイン

・「返せるか・返せないか」に没頭するルールの工夫

　攻防のバランスを保ちながら、連携プレーが出現するようなルールの工夫ができれば、必然的に子供たちはソフトバレーボールに没頭することができよう。そこで、本実践では、「ワンバウンドあり」のルールを採用した。

・自己・他者・運動との対話が生まれる学習課題設定と振り返りの共有

　対話は学習の必要感から生まれるものである。毎時間の振り返りが自分事として行われ、その振り返りが次時の学習課題の柱となる。こうした学びの積み重ねによって、毎時間の学習課題が必要感のあるものとなる。自己と対話したり、他者と対話したり、運動と対話したりしながら、「今の自分」「今のチーム」をこえられるような学習課題の設定及び振り返りの共有内容を吟味していく。

3 実践

（1）ソフトバレーボールとの出会い

写真1　連携に没頭する姿

　まずは、本物のソフトバレーボールの魅力を感じてもらうため、テレビで日本代表戦を観戦し、どのようなところに面白さがあるのか、感想を出し合った。「アタックが強烈」「レシーブが真ん中に返っている」「組み立てをして攻撃している」など、次第に「連携」することが得点につながることを理解していった。そのタイミングで、「ワンバウンドあり」のルールを提示した。観戦したゲームのように、ノーバウンドで組み立てて攻撃することが難しいことを十分に理解している子供たちの賛成を得た上で、はじめのルールを設定した。

　今もっている力で楽しめる、かつソフトバレーボールがもつ特有の面白さを

味わえるゲームと出会い、これから展開される授業への子供たちの期待感を高めることができた。

(2)「返せるか」「返せないか」に没頭

　子供たちは、当初、「組み立てる」ことへの必要感はあまりもてていない様子であった。「相手コートに返す」ことに精一杯だったためである。しかし、ゲームに慣れ、弾く技能が高まり、ボールをコントロールできるようになると、無理に返さず、自陣で何度もつなげ、返球することに没頭するようになる。「○○さん、とれるよ」「後ろのボールは無理に打たずに前に送って」「高いボールがあがったよ、○○くん打って」といった声かけが見られ、「返せるか」「返せないか」の攻防に没頭し、ラリーが長く続くようになり、ゲームは白熱した。

　振り返りにおける「しっかり両手でボールを弾いてパスした方がいい」「ボールの正面に体を移動させた方がコントロールしやすい」「何回、続けてもいいから、無理に打ち返さず、高いボールがあがるまで打ち返さずに待つ」といった発言からも、組み立てて返球することへの意識が高まったことが分かる。

子供のこえる姿が見えた瞬間
　ワンバウンドありのルールの工夫によって、「つなげる」ことが容易になり、弾く技能面や組み立てることの戦術面に目が向くようになった。

(3)「返せるか」「返せないか」の飽和

　単元の後半では、自陣で何度つなげてもよいルールのため、守備側は相手の連携している姿を眺めている状況になったり、攻撃側もミスをしないように、無理に打ち返さず丁寧に返球したり、ゲーム展開に緊張感がなくなってしまう負の側面が頻繁に見られるようになった。こうした場面は、「返せるか」「返せないか」の飽和状態と言えよう。

　第4時の振り返りにおいて、自陣でつなげられる制限回数を設けたらいいのではないか、といった意見が出された。この意見に全員が賛同し、話し合いの

結果、4回以内で返球するルールに変更された。第4時以降は、この4回をどのように有効活用するかを視点に、自己・他者・運動との対話が活性化された。「レシーブを前に送ろう」「前に送られたら高くボールをあげよう」「高いボールは強く打ち込もう」といった三段攻撃の動きの重要性に気付き実践する姿が見られた。また、相手に返させないために「ボールを深く打つ」ことを作戦にしたり、相手がワンバウンドできないように「直接、体をねらって打つ」ことを考えたりする姿も見られるようになった。

子供のこえる姿が見えた瞬間

　4回という制限回数が加わったことにより、「連携」の必要感が生じた。「レシーブを前に→前に来たボールを高くあげて→得点しやすい場所を考えて打つ」といった、組み立てて得点することの面白さに気付き、実践するようになった。この事実を、全体で共有していくことで、クラス全体で意図的な連携プレーが出現した。まさに、「こえる瞬間」である。

4　まとめ

　「運動の面白さを味わわせたい」という思いをどの教師ももっている。しかし、「運動の面白さ」を明確にしないまま、情意面だけで面白さを評価してしまう授業実践が行われてきたことは、体育全体の課題でもある。

　本実践では、ソフトバレーボール特有の面白さを明確にし、その面白さを全ての子供た

写真2　組み立てからアタックする姿

ちが味わえるように、ルールの工夫をした。こうした学習環境をデザインすることで、子供たちは運動に没頭し、実践し、自己・他者・運動との対話を重ねながら、自己の学びを更新していく姿が見られた。この姿こそが「こえる学び」と言えよう。

運動特有の面白さとルールの工夫の相互関係

❶ ルールの工夫は運動特有の面白さをベースに

　小学校体育において、既存のルールでゲームをするのではなく、全ての子供たちが今もっている力でゲームができるように、ルールを工夫することが重要である。しかしながら、「ルールの工夫」は、子供たちの視点に立つことは大切であるが、子供たちが楽しむことができれば、なんでもよい、というわけではない。

写真1　攻守一体プレイ型ゲーム「テニピン」

　その運動が持つ特有の面白さをルールの工夫の視点にするのである。「何を学ぶのか」といった問いに、「その運動特有の面白さを学ぶ」と明確に答えられるようにしたい。

　では、その運動特有の面白さとは何かをネット型ゲームで考えてみよう。ネット型は、ソフトバレーボールのような「連携プレイ型」とテニスのような「攻守一体プレイ型」に分類される。「連携プレイ型」の面白さは、先述したように、「自陣で攻撃を組み立てて、相手が返せないようなボールを手で打って相手コートへ送り、相手がそれを返せないときに得点になるという形で勝敗を競い合うところに面白さがある」と整理される。また、「攻守一体プレイ型」は、「攻めと守りが一体となり、相手から送られてきたボールを直接返球して、相手がそれを返せないときに得点になるという形で勝敗を競い合うところに面白さがある」と整理される。

❷ 攻防のバランスをこえる

　ボールゲームでは、勝敗の未確定性を保障することが求められている。そのためには、攻めと守りが平等であること、すなわち「攻防のバランス」[1]が保たれていることが重視されるべきであ

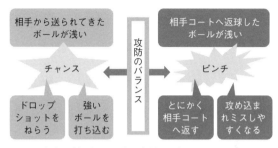

図1　攻守一体プレイ型の攻防のバランス

る。この視点から考えると、ソフトバレーボールの「セッターキャッチ」方式のゲームは攻めが有利になり、攻防のバランスが崩れていることになる。

　こうした課題意識から、本実践では、「ワンバウンドあり」を採用し、攻防のバランスが保たれるようなゲームづくりを行った。ソフトバレーボール特有の面白さ

写真2　アタックを決め得点する姿

に触れ、こえる学びの姿が見られた一方で、攻めと守りを同等にしたことにより、ラリーが続きすぎて、ボールゲームの醍醐味でもある「得点」する機会が少なくなってしまったといった課題も見られた。そこで、提唱したいのは、「攻防のバランスをこえる」ということである。その運動がもつ「攻防のバランス」を考慮しつつ、得点ができるように、少しだけ「攻撃」を有利にするのである。そうすることによって、その運動の面白さを深く味わえるようになる。

参考引用文献
1)　鈴木秀人（2018）体育授業の日常に対する歴史研究からの貢献『体育史研究』第35号：89-98

単元名 アンサンブルを楽しもう

コンクールからコンサートへ 「自分の音」を探究する

白間 雅裕

　本題材は、コンクールコンディションを目指して一度完成させたアンサンブルを、演奏発表に向けて再度はじめから取り組みコンサートコンディションに高める活動によって、さらに深みのある表現ができるように取り組み方を更新していく活動である。

1　めざす「こえる学び」

　音楽科における「こえる学び」とは、自ら課題をもち、自ら学びを広げていくことにあると考える。本題材における「こえる」場面の具体の想定は以下の3点である。

・アンサンブルを通して、和音の仕組みや音価と音符の関係を理解する場面

・アンサンブルをつくり上げていく中で、友達と協働して楽器同士のバランスを考えながら和音の響きを試行錯誤している場面

・アンサンブルとして、共に納得し、共に満足のいく仕上がりに近づいた場面

2 「こえる学び」を生む学習環境デザイン

　本題材のコンセプトは、アンサンブルを通じて、和音の仕組み、リズムと旋律の関係、曲のまとまり等を試行錯誤しながら課題を解決する力を養うとともに、豊かな表現力を育むことである。

　アンサンブルのような音楽活動をより能動的に活発におこなえるようにするには、自分が成長していくのに適切な情報を自分なりに選択できる能力が必要である。これは換言すれば判断力を育てることに他ならない。そのためには、音楽の授業で、子供が音楽を創造・再創造したり、自分なりに思いにふさわしい表現を選択したりできる場を設定することが重要になる。音楽に

おける判断力を育てるということは、たとえ一つの曲でも、様々な演奏家の表現に接する機会を設けることによって、単に楽譜に示された発想記号に従って再現するという活動から脱却させることである。「音・音楽」を聴き、吟味し、選択し、意味づけ、表現するという音楽科の活動をより効果的に展開できるように、「音・音楽」を最も大切にしたいと考え、「音楽活動の足跡を可視化するもの」「音楽との出会いを促すもの」「音楽への志向性を高めるもの」の３つを重点としてその働きを中心に授業実践を進めた。

音楽

3 実践

(1) 楽曲全体の把握、試し演奏、パートや楽器の分担、各パートや楽器の練習

　音やリズムを感じ取っていろいろな楽器の演奏ができるようにする。また、楽器の扱い方や奏法などの基礎的な演奏技術を身につけて演奏できるようにする。授業前に1週間程度いろいろな楽器を試せる期間を設け、現時点での自分の適性や技術をある程度見極めさせたうえで楽器を選択させる。さらに1週間の変更期間を設け最終的に自分が最後までやり通せる楽器を決める。

(2) パートや楽器ごとの演奏、パートや楽器相互間の合わせ練習

　曲想にふさわしい速度や強弱を工夫することができるようにする。また、各パートの音の重なりを感じ取って演奏の仕方を工夫することができるようにする。

　各パート内で速度や強弱について考えさせ、次第に音を重ねていくことによって、随時意見交換や修正を積み上げ「要点の理解」「骨組みの理解」から「自分で吟味する」「自分がつくったほどに熟知する」へ、レベルアップを図る。

往還

(3) 楽曲の構成や曲趣に合った表現の工夫

　各パートや楽曲全体のバランスを感じ取って演奏することができるようにする。そして、練習番号ごとに各パート間のバランスや強弱について検討しアンサンブルを仕上げる。「作曲者はどんな音楽を目指したのだろうか」「作り手はどんな音楽に仕上げたかったのか」「聴き手はどんな演奏を聴きたいのか」など様々な視点から楽曲を見直して自分たちの演奏を自ら問い直す時間を確保

没頭

することによって、「楽譜に指定があるからその通りに演奏する」から「何のための強弱か、どの部分との対比かなど様々な疑問に対して答えを見つけながら演奏する」への意識の転換を図る。

　教師の指示ではなく、演奏を楽しみ、互いを尊重し合い、自由に自分の音楽を表現できるような雰囲気をつくり、子供たちが協力して最高の音楽を演奏する。もはや演奏者は語り手となって、そのとき、そこにいるみんなが、その物語に聴き入る。そのとき最も重要な働きをするメディアは、音そのものである。

子供のこえる姿が見えた瞬間

　自分の楽器・パートを演奏しているだけでなく、他のパートや他の楽器の様子を見て、強弱や速度を調整しながら演奏する。

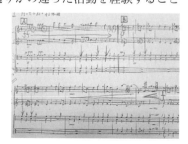（右側余白に縦書き）音楽

4 まとめ

　はじめの段階では、それぞれ個人で練習していた楽曲を全体でまとめることによって、一つの楽曲の同じ楽器あるいは同じパートでも、個人によってそれぞれ異なる解釈があるということを知る。一つの楽器をめぐってそれぞれに小さな差異があり、アンサンブル以外の演奏では味わえなかった苦労や達成感を認識できる。このように一つの楽曲でいく通りかの違った活動を経験することによって、「楽曲を理解できたら、皆同じように演奏できる」のか、それとも「一つの楽曲の理解に対していくつもの正しい演奏がある」のかという、音楽科の考えている「こえる学び」に少しでも近づけるための授業構成である。

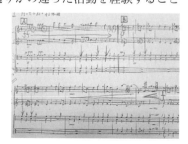

鑑賞と表現をつなげていくこと

① 音楽世界を広げることは表現を広げること

　子供が自ら課題をもつためには、授業での学習内容を自分事として捉えなければならないと考える。子供にとって、普段の生活経験と、学校の授業で扱う音楽とに関わりや結びつきが感じられない場合、自分事と感じるのは難しいだろう。

　授業で扱う音楽と子供の生活経験とは関わりがあり、身近なものと感じられれば、親しみがわき、子供が興味・関心をもって取り組めるだろうと考える。

　また、音楽に苦手意識がある子供にとって課題が難しすぎると感じると、取り組む際の見通しがもちづらく、意欲低下の原因にもなりうる。教師が課題をよく吟味し、教師が与える部分と子供が考える部分のバランスをとりつつ、子供が学習の計画や進め方などを自分で考えられる十分な時間や選択肢を用意することで、子供が自ら課題をもって学習に取り組めるようにしたい。

② 支援例

音楽学習の成果を発表する機会を通じて、音楽学習に対する意欲や音楽的表現力を高める。合奏についての音楽的な能力や自分なりの学び方の工夫を身に付けさせるとともに、それぞれの演奏を「解釈」と「技能」のバランスという視点から演奏したり、鑑賞したりできるようにする。

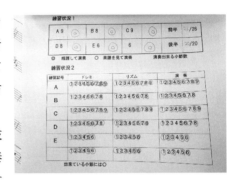

上記の事柄について子供の個人カルテを作成する。項目はそれぞれの担当楽器と練習状況（楽譜を見て演奏・暗譜して演奏等の小節数）、楽器で難しいこと、合わせで工夫したこと、同じ楽器の人へのアドバイスなど全て自由記述で各項目最低3つは書くこと等で、各学年の実態に合わせる。

この題材では、アンサンブルを核にして、様々な楽器の演奏、相互の教え合い、聴き合いなどを通して、子供同士が、お互いに関わり合いながら楽しめる授業展開を考えた。音楽活動の足跡を可視化するメディア、音楽との出会いを促すメディア、音楽への志向性を高めるメディアの3つのメディアの可能性について、さらに数多くの実践を通して検証し「こえる学び」の姿を実現していくことが大切である。

題材名 おそうじ SENTAI！

場所に働きかけ、協働し、想像を広げていく造形活動

守屋　建

　本題材は、学校の中できれいにしたい場所を見つけたり考えたりし、そこを掃除するキャラクターをつくる活動である。つくったキャラクターは学校の中の、自分の選んだ場所に置き、写真に撮る。場所の特徴や，おそうじキャラクターという主題からの発想、それぞれの思いをもとにして撮り方などを考えていく。そのことで、自分のつくったものへの見方が更新されていく。

1 めざす「こえる学び」

　図画工作科では、友達との協働的な活動から発想を膨らませていく。場所や材料の特徴も取り入れながら、友達と互いに話したり、アイデアを出し合ったりし、それぞれの発想がつながり合っていく。カメラが媒介となって、作品を見ながら対話を深めていくことや、その過程で活動に没頭していくこと、それが自分だけでは生み出せない発想をこえて、新しいひらめきへとつながる「こえる学び」になると考える。

2 「こえる学び」を生む学習環境デザイン

・発想が膨らんでいくように、主題と関連のある材料を扱う

本題材の主材料はスポンジである。これはスポンジという掃除と関連づけられた材料を用いることによって、発想が膨らんでいくことをねらっている。スポンジをハサミで切って、スポンジの一部が手足となって壁をきれいにしていくなど、子供の物語が生まれやすくなる。他にもモールや毛糸、布やフェルトの端切れなどを用いる。掃除用具を連想しやすい柔らかいものや、糸状の材料には、材料そのものがもつ、発想をさせる力があると言える。

・学校の見方を変える

これまで生活をしてきた学校の様々な場所を、お掃除という主題をもちながら改めて見る。これにより普段気がつかないような箇所や場所の特徴を気にしながら見ることができるようになる。「ここには、隙間があったんだ」「天井の隅が汚れているな」。そんな小さな発見、新しい気づきなどを積み重ねていくことで生じたいつもと違う視点が、つくるキャラクターの物語にも広がっていく。

・協働のための ICT 活用

本題材ではカメラを使うが、その目的は作品を写真に撮ることだけではない。よりよい見え方を考え、角度や置き方などを工夫する過程で、協働的に思考するためのカメラ活用である。一人1つのカメラを持たせることが出来ればそれでよいわけではな

い。一人ひとりの個人活動よりも、3〜4人のグループで活動をし、友達と話したり、相談したりしながら互いの見え方や感じ方などを共有し、新しいアイデアを発想する。そのような活動をデザインすることが、共感性を育んだり、互いの違いを知ったりすることになる。これが図画工作で大事にしたい学習環境と、育みたい資質・能力である。

図
工

3 実践

（1）活動の展開

①導入

　「学校をきれいにする自分だけのキャラクターをつくろう」と投げかける。図工室で思い起こして考えるのもよい。しかし、具体的に学校の中をまわって探し、その場所をきれいにしてくれるキャラクターの姿を想像していく方が、子供たちは多くの発見をする。その発見が自分だけの新しいひらめきに変わっていった。「思っていたより廊下が汚れているな」「流しの端に絵の具の汚れがあるな」と、実際に見ているがそれまで気付かなかったことなども感じるようになっていった。その場所から受ける感じ方も一人ひとりで異なってくるので、そのような違いに気づくために何人かで一緒にまわるのもよい。

往還

②製作

　スポンジを使い、自分だけのお掃除キャラクターをつくっていく。スポンジはハサミでも加工が容易であり、それ自体が掃除のための用具である。そのため、アイデアが生まれやすい。足が雑巾になっている、おなかで床を拭くなど、子供が材料の特徴をもとにして発想をしていく。他の材料は、モールや布の端切れ、毛糸など柔らかくスポンジと親和性の高い素材を扱っていった。接着剤でとめていき、次の週にはかたまるように計画をしていった。

小道具製作にも熱心で、ストローなどを使ってそこに毛糸を差
し込み、ほうきをつくる児童もいた。ネットタイプのスポンジな
ども、ネットを切り、工夫して扱う姿が見られた。

③撮影

　本題材ではカメラをグループで1台渡
し、3〜4人で一緒に扱うようにした。
それにより、友達の撮影にも一緒に行動
する必然性が生まれ、自然な協働の姿が
見られた。この活動は場所を変える活動
になる。見慣れた場所にも、自分だけの
キャラクターを置くことで、新しく意味
が生まれてくる。そのような子供の中での物語が更新される姿を、大事にして
いきたい。

子供のこえる姿が見えた瞬間
　自分一人ではできないことを友達との協働からつくり出す瞬間。また、
そのアイデアを他の友達が見て、自分のアイデアを更新していく瞬間もこ
える姿であると考える。

4　まとめ

　製作された作品は自分の分身であると
よくいう。愛着をもち、作品のキャラク
ターになりきり、置く場所を決めたり、
自分だけのストーリーを考えたりする姿
からは子供の思いを感じる。また、カメ
ラを扱い、共に活動をすることは友達と思いを共にする姿である。自己をこえ
て他者と思考や視点を共有することが本題材の「こえる学び」である。

子供と場所とをつなげていくこと

❶ 場所を広げることは世界を広げること

　本題材は、発想のためのプロセスを大切にしている。しかし、いざ発想を膨らませるにしても、ゼロから発想が広がるわけではなく、子供は友達の発想や、鑑賞作品、身近なもの、生活経験から想起している。そこで、本題材では学校の汚い場所をきれいにするという主題を与えることにより、図工室から離れ、汚れた場所を探す行為からイメージを広げる。場所に関わり、子供たちが自分のつくるキャラクターの住む具体的な場所を想定するなど、自分のキャラクターと場所を関連付けるような支援をしていくことで、発想が変化していく。図工では、子

供の発達に応じて子供の周辺世界を広げていくことを大事にしたい。高学年ではより学校内の様々な問題意識や、こうあったらいいなという思いをもとにした題材につなげていくことができる。

② 支援例

　子供の発達段階によって活動の世界は異なってくる。本事例では中学年で行っているが、学校の様々な場所に積極的に関わるのは中学年から高学年にかけての特色である。空間的な理解・認知的発達が見られ、学習指導要領においても、3次元的な奥行きの指導についての記載がされている。

　この事例の中で、カメラを使うようにしている。カメラを使うことで、自分の作品を異なる角度で見たり、最もよい視点を自分で選んだりし、友達に見せていくことができる。また、カメラを使うことにより、画像となった自分の作品を客観的に理解していくことが可能である。写真を撮影する際に、様々な視点から撮影するために、伏せたり、見上げたり、見下ろしたりするような身体的位相を活用し自分の作品に意味をつけていく。作品を見上げることにより迫力を出したり、離れて撮影することにより作品に孤独感を出したりする様子が見られた。

　本文中にもあるように、友達とのグループ活動であるため、カメラそのものが友達との協働的な思考を生む効果がある。ここで友達の見方や考え方を共有することにより、自分一人では決して感じ取ることのできない思考の広がりを得ることができる。

図工

題材名 どう作る？野菜サラダ

持続可能な社会づくりを目指した調理実習

西岡 里奈

　本題材では、野菜サラダの調理実習を通して、自分たちの生活と環境との関連を見いだせるように設定した。調理実習では、食材の皮や芯などの扱い方を考えたり、ドレッシング作りから油が環境に与える影響や処理の仕方を工夫したりできるようにしていく。栄養教諭とティーム・ティーチングを行うことで、調理実習や給食での工夫を通して環境を意識した生活を理解し、持続可能な社会を実現していくきっかけとしてほしい。

1 めざす「こえる学び」

　家庭科の目指している「こえる学び」とは、「実践をしながら拡張していく」ことと考える。これを本題材に当てはめると、「実践」とは調理実習であり、「拡張していく」とは環境に配慮した調理の工夫と言える。ゆで野菜サラダ作りを通して自分の現状を把握し、友達と調理の仕方を考えたり他者の様子を観察したりしながら試行錯誤していく中で、環境に配慮した調理の工夫を考えて、日々の生活に生かしていけるようにしていく。

2 「こえる学び」を生む学習環境デザイン

・家庭科教諭と栄養教諭とのティーム・ティーチング

　授業を行うにあたっては、家庭科教諭だけでなく校内での連携や外部の人材の活用など、様々な視点から家庭生活を見つめることが重要である。そのため、栄養教諭との連携は、子供たちが普段の食生活を意識する上で、とても重

要である。家庭科教諭と栄養教諭の指導内容や役割分担について、それぞれの職務の特質を十分に生かすことができるように設定することで、教育的効果を高めていきたい。

3 実践

(1) 生活を見つめる

子供たちの環境への意識を高めるために、まずは自分の生活を見つめて現状を理解することが重要である。そのために、調理実習を行い、自分たちの行動を振り返れるようにした。作るものは、人参・ブロッコリー・キャベツを使用したゆで野菜サラダで、味つけとしてドレッシングを作ることとした。あらかじめ、教員側で可食部以外は除去して食材を配布した。本題材では教員が細かく調理の仕方を指示することはなく、今までの経験をもとに切り方やゆで方を班で話し合い、子供たちが自分たちで考え工夫をして調理をできるようにした。しかし、調理手順への工夫は意識していたが、環境という観点ではまだまだ意識が低く、キャベツの芯のまわりを大きく切り取って廃棄していたり、ブロッコリーのつぼみのみを使用し、茎の大部分を捨てたりしている班が多くあった。

実践・没頭

また、片付けでは、マヨネーズやドレッシングなどの油汚れをそのまま流しに流していたり、水を出しっ放しのまま、その場を離れたりする姿も見られた。

(2) 課題を見つけ、課題を解決する

次の授業では、調理実習での工夫点について全体で共有を行った。子供たちからは、「火が通りにくいものからゆでるようにした」「菜箸で、しっかり火が

通っているかを確認した」など、調理手順
としての工夫は多くあがったが、環境とい
う視点では、意見があまり出てこなかっ
た。そこで、調理実習でごみとして捨てら
れた野菜の写真を示した。1回の調理実習
で、お茶碗約3.5杯分もの重さの食べられ
る野菜が捨てられていることに、子供たち

は驚いていた。すると、調理実習でブロッコリーの茎まで食べた班 往還
から「私の家では、ブロッコリーの茎までゆでて食べるよ」や、
「自分たちがどれくらい食べられるかを考えてから、作るようにする方がいい」
など野菜をなるべく使い切るための工夫があがった。栄養教諭からは、給食で
はブロッコリーの茎まで活用していたり、大根の実と葉をそれぞれ別の料理に
使っている事例を聞き、自分たちが日々食べている給食にも献立の段階から食
品ロスを減らすための工夫がされていることを理解することができた。

　また、前回の調理実習中の片付けの様子を撮影しておいた映像を見て、自分
たちの片付け方を検討した。水がたくさん無駄になっていること
や、油などを流しに捨てることで川が汚れることを確認し、どうし 往還
たら水を大切に使用することができるかを考えた。その結果、「油汚れはいら
ない布や新聞紙で拭き取る」「ゆでるときは、いちいち水を入れ替えないで同
じ水でゆでた方がいい」など、多くの工夫が子供たちから挙がった。

子供のこえる姿が見えた瞬間
　前回の調理実習を振り返ることで、新たに「環境」という視点をもって、
自分の経験をもとにした具体的な調理法の工夫を考えることができた。

（3）生活に生かす

　その後、ゆで野菜サラダ作りで学習した内容をふまえて、野菜炒め作りを
行った。野菜炒め作りでは、使う野菜を選ぶ段階から、環境を意識した調理に

ついて、「自分たちが食べ切れる量を作るよ
うにしよう」や「無駄なく野菜を切るため
の切り方はどれかな」など、話し合ってい
た。野菜炒めを作るときも、環境のことを
考えて調理をしようと人参のへたのぎりぎ
りまで使用したり、こまめに水を止めるよ
うに声かけしたりしていた。

 子供のこえる姿が見えた瞬間

　学習後の振り返りでは、「今日は初めて環境を意識した洗い方をした
ら、なかなかうまくいかなかったです。次からは、こつこつと環境を意識
した調理をしたいです」「野菜を使うときの節約の仕方で一番いいと思っ
たのは、ブロッコリーの芯まで食べることです。なぜかというと、意外と
芯を食べてみるとおいしいということが分かったからです」などの記述も
あり、学習したことをその後の調理実習に生かすことができた。

4　まとめ

　本実践では、子供たちが日々の生活で環境へ意識を向けて、実践していける
ようにするために、調理を通してどのような工夫が行えるかを考えた。その結
果、今までは個々に工夫していたことを全体で共有し往還していくことで、具
体的な活用の仕方を理解することができ、さらなる実践へとつながった。環境
への興味・関心は子供によって差が大きく、関心が低い子供にとっては、友達
が工夫をしている姿を見ることで自分自身を振り返る機会にもなったと考え
る。

　また、栄養教諭と授業を行ったことで、子供たちが普段から口にしている給
食での工夫も知ることができ、より生活場面での実践をイメージすることがで
きた。

家庭

家庭生活を意識化する

❶ 子供たちにとって、身近で遠い「家庭生活」

　家庭科において重要なのは、子供たちがどれだけ学習内容を自分の生活と結びつけて考えられるかである。子供たちにとって「家庭生活」は身近である一方で、当たり前のことすぎて意識化されていない現状がある。自分の生活を客観的に振り返ったり、「何ができていないか」「どこに不便を感じているのか」など生活の中から課題を見いだしていったりすることは難しい。日々の生活と家庭科での学習を、切り離して考えている様子も見られる。

　そのため、指導する際には、学習内容を「家庭生活」に結びつけ、子供が現状や生活の様子を意識するための手立てが必要となってくる。

❷ 意識化させるポイント

（1）実践する

　本実践では、子供たちが自分たちで考えて調理をすることから、始めた。教師側からいろいろな知識を与えることなく調理を行うことで、子供のありのままの様子を知ることができる。自分で行うことで、何がわかっていないのかや、自分はどこまでできるのかを自然と実感する

ことができる。また、わからないことに対して友達と試行錯誤することで、他者の考えを知ることへもつながっていく。

（2）可視化する

　実践することで、子供の実態や課題が見えてくる。しかし、実践してみたからといって、必ずしも子供が意識化するとは限らない。子供たちが、自分の行動をふり返って意識化するためには、行いを可視化して示すことが必要である。そのため、ごみとして捨てられた野菜の量を示したり、ビデオカメラで撮影した実習中の様子を客観的に見たりすることで、自分の生活を客観的に見るきっかけとなっていく。

　前後の違いを比較できるように、写真や映像をとっておくことも重要である。下の写真は、事前に行った野菜サラダ作りで廃棄されたものと、環境について考えた後に行った野菜炒めづくりで廃棄されたものである。学習後は重さを測らなくても圧倒的に少ないことが、視覚的にすぐわかる。このように、成果を子供がわかる形で示すことも学習意欲を高め、生活を意識化するために有効である。

学習前：野菜サラダ　　　　　　　　学習後：野菜炒め

（3）実際のひと・もの・ことを活用する

　実際の家庭生活を、家庭科の学習にどのように組み込んでいくかも重要である。本学習では、栄養教諭に給食の工夫点を説明してもらった。自分の生活に関わっている人、給食という日々の生活の一部を取り上げることで、より実生活に近づけて考えることができる。

家庭

単元名 日本の文化を英語で紹介しよう

思いと英語力や表現力の ギャップを埋める授業

中村　香

高学年の英語活動で子供が主体的に学ぶ授業づくりを目指し、「実際に英語でコミュニケーションしたい」という子供のアンケート結果から、留学生との交流を計画した。留学生との交流に向けて、子供が必要感をもって意欲的に活動に臨み、「ことば」を追求したり、進んで英語で表現したりする授業を学習環境デザインする。

1 めざす「こえる学び」

　本単元の「こえる学び」として、「留学生に伝えたい」「留学生の英語を理解したい」という目的意識をもち、仲間と協力したり自主的に調べたり練習したりする姿を期待している。相手を意識し、自分の伝えたい思いを英語でどのように表現するか考えることは、英語学習経験の浅い子供たちにとっては大きなチャレンジだが、今できる能力を駆使して工夫したり努力したりしていく過程で様々な学びがあると考えている。また、外国の人と交流をすることは、英語でコミュニケーションをする面白さや楽しさを学ぶ経験となり、英語学習初期の子供には特に価値がある。

2 「こえる学び」を生む学習環境デザイン

・実の場の設定

　高学年になり、「英語が苦手」「将来英語は使わない」など英語を学ぶことに意欲がもてない子供も見られるが、アンケート結果から、「本当は英語を話せ

るようになりたい」と思っていることが多い。そんな子供たちに、英語を実際に活用する場を設けた授業をすることで、目的意識をもった主体的な学びと、共通の目的へ向かう協働的な学びが可能となり「こえる学び」へとつながる。

・子供の思いを英語にするための様々な手立て

プレゼンテーションをクイズ形式にした。クイズでは、文と文のつながりや細かい説明を省き紹介したい日本文化の特徴を簡潔に表現することができる。また、子供の実態と必要に応じて、見本となる英語表現の文字化、和英・英和辞典の活用、iPad の音声機能の活用など様々な手立てを設けた。

・他のグループとの協働練習

英語でプレゼンテーションをする際には母語の時以上に他者を意識する必要がある。この協働練習で、他のグループのよさを認めたり、自分のグループのプレゼンテーションの改善点に気づいたりすることで相手意識が高まる。

3 実践

(1) iPad の活用により、前向きに英語活動に取り組む姿

導入時、多くの子供が「交流が楽しみ」、「日本のよさを伝えたい」と期待を膨らませ喜んでいたが、英語への苦手意識がある一部の子供は、「英語で交流できるか不安」といった思いをもっていた。自信がなく不安を抱いていた A 児は、プレゼンテーションの内容を決める際も消極的だったので、班のメンバーや教師が支援した。

しかし、プレゼンテーションの英語を録音した iPad を聞きながら繰り返し練習した際、A 児は振り返りに、「iPad を使うことによって、発音などが少しずつつかめてきた。全て英語で分かりやすく伝えられるようにしたい。」や「iPad で英語をまねでき、大体できるようになった。次は全て言えるようにしたい。」と、プレゼンテーションへの前向きな意欲を書いていた。iPad の活用が自分の聞きたいときに何度でも英語を聞くことができる学習環境となり、A 児だけでなく多くの子供が iPad で英語の発音やイン

没頭

英語

トネーションを自主的に確認している姿が見られた。

子供のこえる姿が見えた瞬間

　交流に向けて、授業以外でも自主的に英語表現を考えたり練習したりするなど、これまでにない主体的かつ積極的な学びの姿が見られた。

（2）他のグループとの協働練習で、自分を客観視する子供の姿

　グループ練習では、「英語らしい発音で話したい」「紙を見ないで話せるようにする」など英語を覚えることに一生懸命になり、相手意識がもてていない子供が多かった。そこで、他のグループとの協働練習（写真1）を行い、プレゼンテーションを見せ合い意見交換をした。

写真1　他のグループとの意見交換

　この活動後、A児は振り返りに、「他の班の人は、自分よりもスラスラと分かりやすく発表していた。それに比べて、ぼくは劣っていた気がする。聞きにくく分かりにくい発表をしてしまったと後悔している。他の班の人の真似もして、よりよい発表にしたい」と書いていた。この日を境に、A児の振り返りの書き方に変化が見られた。他のグループとの練習前、「発表できるようにしたい」といった表現（**願望**）から「ゆっくり発音するように心がける」といった表現（**具体的行動目標**）へと変わった。A児の他にも英語が苦手なB児が、「他の班は、班の人全員で1つの問題を出していて分かりやすかった。ぼくは英語でしゃべっている間に『えーと』とか言って分かりにくくなっていると思うから『えーと』と言うのをがまんしたい」と書いていた。これらは、他のグループのプレゼンテーションを見ることで、他者の姿を通して自分を客観的に振り返ることになったと考えられる。他の子供も、「他の班は、写真があることで分かりやすかったので、自分

も写真を用意する。」「今度は相手を見て発表したい。」など、本番のプレゼンテーションに向けて自分がすべき具体的な課題や発表する相手を意識した視点からの振り返りが多くなった。

子供のこえる姿が見えた瞬間

　この活動で、英語で言えるようになるだけでは、相手に伝わるプレゼンテーションにはなっていないことに気付くことができた。また、留学生という相手意識をもち具体的改善課題に向けて練習する姿が見られた。

4 まとめ

　この実践を通して、自分が留学生に伝えたい日本文化について英語で表現するために、子供が主体的に学ぶ姿が見られた。特に、授業の時間以外で、自主的に準備や練習をしている子供の姿は、「こえる学び」の一つとして捉えられる。

　交流後、A児は感想に、「最初は留学生と交

写真2　資料を提示したプレゼン

流することが少し面倒くさいと思っていた。しかし、交流している内に楽しくなった。（中略）この機会に英語をたくさん学ぶことができてよかった。」と書いていた。他の子供の感想からも、このような外国人との交流活動に向けた学習が、英語学習への前向きな態度を培うことができることが明確になった。

英語

学習活動のスモールステップの設定

英語活動では、段階をふみながら、自分の伝えたい思いを英語で表現できるようにさせたい。

本実践では、導入から実際の交流まで、子供の実態に合わせ、学習活動のスモールステップ（表1）を設定した。特に、導入で行った①によって、英語の苦手な子供でも、その英語表現や型を用いて自分の伝えたい文化のポイントとなる英語の単語や語句を選ぶ

表1 スモールステップ

①モデルとなる英語表現や型の提示
②プレゼンテーションモデルの実演
③紹介したい内容の決定
④紹介したい日本文化の英語のプレゼンテーションづくり
⑤英語のプレゼンテーションの練習
⑥他のグループと練習の交流
⑦プレゼンテーションの改善と練習
⑧本番を想定したリハーサル
⑨本番（留学生との交流）
⑩学びの振り返り

ことで表現することができる。また、日本語で考えた伝えたいことを英語にしようとしてうまくいかなくなってしまった子供に、解決の方法として①を確認させることができる。

振り返りカードの活用

1 活用方法

振り返りカードを充実させることは、子供自身で英語活動を自己評価し、自分の学びを価値づけるとともに、学びの連続性を可視化し学びの質を高めることにつながる。振り返りは、その日の英語活動を自身で振り返り整理し母語で表現することで第二言語について概念形成を行う手段となる上に、子供が、過

去の学習を視覚的に振り返ることや自分の成長をする確認する手段にもなる。授業者にとっては、子供の学びや思考を具体的に見取る手段、後の英語活動づくりの貴重な資料として活用する手段、などが考えられる。

❷ 指導例

5年生の「大きなかぶ」の振り返りカード（図1）である。

① スケールで自己評価（表2）

英語活動で子供に望む学ぶ姿勢（5項目）について、4段階で自身の学ぶ姿勢を客観的に振り返らせ、学ぶ姿勢の定着を図ることを狙っている。

② 自由記述（図1）

英語活動を母語で振り返ることは、言語や文化への気付きを深める大事な過程になる。また、授業者にとっては個々の学びを見取る貴重な情報源となる。時に、振り返りを共有することで、集団の学びを深めることにもできる。

表2 スケール評価の5つの項目

- 聞いた英語の音やリズム、イントネーションを進んでまねすることができた
- 耳を使って英語の音をよく聞くことができた
- 自分の思ったことや考えたことを、英語や日本語で伝えることができた
- 日本語や自分の知っていることと比べたり結びつけて考えたりすることができた
- 友達と協力して活動することができた

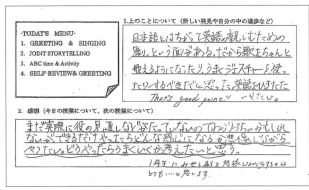

図1 実際の振り返りカード

英語

単元名 けがの防止

フロアプロジェクションを活用した危険予測の授業

佐藤 牧子

本実践は危険予測と安全な行動を踏まえ、学校生活の中におけるけがの防止について考えた。その上で動きのあるフロアプロジェクションを活用し、状況に応じた行動や環境改善など自分にできることを考えさせたい。

1 めざす「こえる学び」

体育科保健領域けがの防止における「こえる学び」とは、「けがの防止につながる原理原則を用いて、自分の生活の中での行動と新しい知識を関連付けながら安全な行動を判断する瞬間」と、捉えている。本実践における「こえる学び」とは、「けがの防止の場面を想定した問題を作成し、フロアプロジェクション教材（図1）を床面に投影した状態で身体を動かしコミュニケーションをとる」という子供の姿である。

本実践では、それまで学習してきた危険予測を活用し、実際の生活場面での問題を解決する子供の姿を期待したい。危険な行動や環境をどのように安全に変えていくのかを考えていく。

図1　フロアプロジェクション

2 「こえる学び」を生む学習環境デザイン

・行動変容を用いたアプローチ

子供は日常生活において、けがにつながるかもしれないという危険予測はで

きたとしても、安全な行動につなげることは難しい。しかし自分にできるという実行可能性をもち、プラスにつながる結果（けがや事故などを防ぐこと）と安全にできるという期待感から行動の変容は起こってくる。初めに自分のけがや事故に対する考えを知ることで「これからどうしたい」を見やすくしていく。授業前の行動変容ステージを以下に示す（図2 WEB アンケートによる集計）。

①維持期：安全な行動を6ヶ月以上続けてきている
②実行期：安全な行動を6ヶ月未満続けている
③準備期：1ヶ月以内のうちに、安全な行動に変えたいと思う
④関心期：6ヶ月以内のうちに、安全な行動に変えたいと思う
⑤無関心期：関心がない

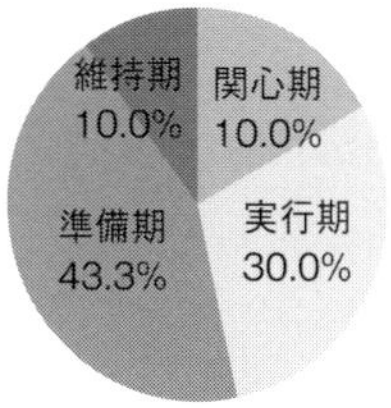

維持期 10.0%
関心期 10.0%
準備期 43.3%
実行期 30.0%

図2　WEB アンケート（行動変容ステージ別）

・ICT を活用した意見や学習の振り返りの共有

　学習場面で発言した子供の意見だけでなく、発言していない子供の考えなどを共有する機会を得るには限界がある。けがの経験や「どうしたらけがを防ぐことができるのか？」など、自分の経験から話し合う場合は、限られた情報になってしまうため、WEB アンケートでリアルタイムに全員の意見を集約し、話し合いのきっかけや気づかなかった考えが見つかるきっかけとしたい。

③ 実践

（1）人の行動や環境調整によってけがを防ぐことができるという意識の変化

　今まで経験した学校内でのけがや交通事故、犯罪被害のヒヤリ

実践

ハットなどの経験から、その時の自分の行動、心の状態（焦ってる、イライラしているなど）、環境に分けて原因を探った。また交通事故シミュレーションの動画から危険予測した後、想定される状況を確認し、どのように行動したり

保健

環境を調整したりすると事故を防ぐことができるのかを話し合った。話し合いの中から、自分の行動や環境調整で改善できるということに気づいたり、事故を防ぐことができる可能性があるということに驚いたりしている意見が共有された。

（2）安全な行動を周囲に広げる

　実際の生活（話し合いの中心は学校でのけが）から、具体的なけがの防ぎ方について話し合った。自分だけが行動を変えても、周囲で生活する他の子供が危険な行動をしていたら、けがが起こる状況は改善できないという意見が挙がった。そこから周囲に広げるという視点が変わっていった。話し合いの中で「楽しみながら学習できるようにしたらよいのではないか」という発言に多くの子供が同意した。しかし学校全体へ呼びかけるというのは難しいため、1年生を対象にけがの防止を伝えることへ広げていくことになった。1年生に「楽しみながら伝える」方法として、教師からフロアプロジェクションを活用する提案をし、子供たちは、フロアプロジェクションにクイズを投影して、楽しみながら実践したいという方向が定まった。

子供のこえる姿が見えた瞬間

　自分の行動、心の状態、環境に分けてけがなどの原因を探り、安全な行動に結びつけて考える意見が多く挙がった。しかし自分だけが行動を変えても周囲が変わらなければけがを防ぐことができない、周囲の人への働きかけへと対象が広がっていった。

（3）状況に応じて、けがを防ぐ方法を判断する

　3人1組のグループ（関心事が同じメンバー）で危険な状況と安全な行動を結びつけてクイズ形式にし、問題と回答例を記入した（図3）。問題文に対する答えを話し合う中で、いくつかのグループでは、答えに対する意見が分かれた場面があった。どれが正しい答えなのか話し合いが進む中で、同じようなけがなどでも、環境や状況により、対応の仕方（答え）は一つではないというこ

とが意見として挙げられた。この意見を全体で共有することで、他のグループでも再度、問題文と答えを見直し、様々な状況に応じて判断している姿が見えた。

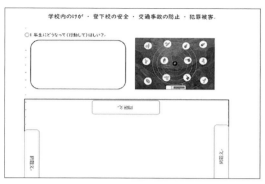

往還

図3　ワークシート

子供のこえる姿が見えた瞬間

　けがなどを防止するために、自分の行動、心の状態、環境に分けて原因を探ってから、安全な行動のクイズを作成するときに、行動（答え）は一つではなく、状況などによって異なる行動を判断できるようになった。

4　まとめ

　自分のけがや事故などの経験を踏まえ、けがなどを防ぐために、危険予測と安全な行動の考え方を用いて、自分の生活を改善しようとする姿を見ることができた。授業の振り返りではWEBアンケートの「WizeFloorでクイズを作って、自分の考えや行動に変化はありましたか？」という問いに対し、ほとんどの子供が考え方や気づきに変化が見られたと回答していた（図4）。

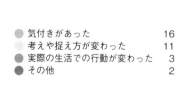

● 気付きがあった	16
○ 考えや捉え方が変わった	11
● 実際の生活での行動が変わった	3
● その他	2

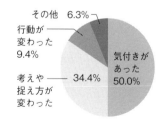

その他　6.3%
行動が変わった　9.4%
気付きがあった　50.0%
考えや捉え方が変わった　34.4%

図4　考え・行動の変化

保健

危険予測と安全な行動の指導について

❶ 危険予測のポイント

　本実践において、けがなどにつながる状況と人の行動を予測するためには、個々の体験だけでは難しい。そこで動画でシミュレーションできる危険予測トレーニング（図1）を用いた。

　危険予測の指導として大切なことは、人の行動と環境や状況から、どのようなけがにつながるのかを予測する。その上で、どのように防ぐことができるか判断することである。イラスト等でも人の行動は予測しやすいが、周囲の状況や環境から起こる結果（けが）がどのような危険につながるかを共有するために動画等の活用が有効である。

図1　動画シミュレーション

❷ フロアプロジェクション（WizeFloorGo）

（1）フロアプロジェクション

　本実践で使用したフロアプロジェクションは、プロジェクターにインタラクティブ映像システムと感知センサーが連携されている。投影した画面（床）を足で踏んだり、手で触ったりすると、センサーが感知しさまざまな画像をダイナミックな動きにつなげることができる。

(2) アプリケーション

インタラクティブ映像システムは、クイズ・記憶力・カテゴライズゲームなど、幅広いアクティビティのアプリケーションで構成されている。本実践ではクイズのアプリケーションを使用し、危険予測を用いた問題・画像と正誤を考えて、クイズのフォームへ入力した。

図2　アプリケーション画面

(3) インターフェイスの特性をいかす

インタラクティブ映像システムに作成したクイズを入力した後、グループごとに中間発表を行った。クイズのテーマ、工夫したところ、注目してほしいところなどを発表し、他のグループと質問や意見をやり取りし、クイズの内容が1年生の安全な行動につながるのかを話し合った。「WizeFloor のよさは？ 他の方法でもよいのでは？」と教師が問いかけると、子供たちからは「聞くだけじゃなくてみんなで相談しながらやった方が楽しい」「面白いと覚えやすい」「一人ずつにタブレットを渡したら一人で考えてしまう」「手でタッチしたり床で跳んだりする方がいい」などインターフェイスの特性を踏まえた意見が挙がった。

今回の実践では、自分たちの身近にある危険から、安全な行動を考える内容だが、1年生へ向けてクイズを作成する過程をきっかけに、自分自身の生活を見直し、「自分ではいいかなと思っていた行動でも、止めた方がいいとわかるようになりました」「身の回りの環境を考えてあそびます」など改善しようとする意見が多く挙がった。

図3　振り返りを WEB フォームへ入力

単元名 味覚の学習

人生を豊かに生きるために、諸感覚を研ぎ澄ませ味わうことを楽しむ授業

横山 英吏子

　本授業では、諸感覚を研ぎ澄ませ、実際に味の基本となる五味を味わい、分析的に食べる体験を通すことで、味わい方を拡張させる。感覚を研ぎ澄ませて味わうことの大切さや、共に食べることの楽しみを実感させたい。食事に向き合い、諸感覚をフル活動させて、共に食事を楽しむ姿への変容を期待した授業を学習環境デザインする。

1 めざす「こえる学び」

　「味わうことは口だけを使うもの」と思い込み、諸感覚を使って食事をしている子供たちは少ない。「諸感覚を使って味わうこと、他者と一緒に食事を楽しむこと」は、人生を豊かに生きるために、とても重要なことである。本実践では、五味を没頭して味わう実践により、味覚についての知識を更新し、味わい方が拡張され、食事時間の姿が変容していくと考える。味の基本を知ったり、諸感覚を使い味わう楽しさを実感したりすることで、今まで意識せずに食べていた食事を、諸感覚を働かせながら意識して味わい、日常的に、共に食事を楽しむことができることが「こえる学び」だと考える。

2 「こえる学び」を生む学習環境デザイン

・実際に五味や諸感覚を使って味わう体験

　頭で理解し表現する味と、実際に体験して表現する味は、表す言葉としては同じでも、子供たちの中で感じるものは違う。実感を伴う活動を通して、感覚

が研ぎ澄まされる。

・多様な価値観と出会う交流活動と「食レポ」

　小グループで活動することを通して、子供自身がそれぞれの考えを話し合い、友達の意見と比較して自分の味わい方をふり返り、多様さに気付かせていく。味わう体験で会話を楽しみ、互いの感じ方をリポーターのように話したり、聞いたり、交流することを通して、食を通した会話を楽しみ、さらに自分の学びを意識していくことに繋がる。

3 実践

（1）味について考える

　前日の給食の写真を示し、どんな味がしたか思い出させた。五味について、どんなものがあるのか考えた。子供たちは、同じものを食べていても人によって感じる味や、表現の仕方が違うことに気がつき、自分と他者の違いを感じていた。また、子供たちの語彙が増え表現の幅が広がっていった。

（2）五味の味見をする

　実際に、五味（Ａ：塩味：塩、Ｂ：酸味：レモン汁、Ｃ：苦味：純ココア、Ｄ：甘味：砂糖、Ｅ：旨味：出汁）を味見させた。その際、食品は何かを告げずに、子供たち自身の諸感覚を使って感じ、分析できるようにした。味わう活動を通して、頭で理解し表現する味と実際に体験して表現する味を結びつけることができていた。自然と意見が交換できるように、座席の配置は子供たち同士の距離が近い風車型に配置した。

食育

食育　第3学年　　**147**

富川「うわー酸っぱい、お酢？」

石井「香りがレモンみたいだよ。レモンの汁じゃない？」

福山「もう一回味わってみよう」

と班の中で積極的に意見の交流が見られ、何度も味を確かめる姿が見られた。児童の中には、「これが酸っぱい味なの？」という子も見られた。

子供のこえる姿が見えた瞬間

　子供は、これはどんな味なのか漠然と分かっていても、深く考えたり、他者はどう感じているのか確かめることはあまりない。しかし、本単元では、主体的かつ積極的に五味を没頭して味わう実践により、味覚についての知識や多くの語彙を獲得し、更新する姿が見られた。

（3）食べるときに働かせる諸感覚について考える

　体のどこの部分を使って味を確かめたのか考えさせた。児童からは「口」「舌」「鼻」という意見がでた。しかし、「音」「触」については意見がでなかったので、1年生の頃の「とうもろこしの皮むき体験」の写真を見せ、他の諸感覚についても思い出させた。諸感覚を使って学び、楽しみ、人生を豊かに生きる姿勢を養うことにつながっていくと考える。

（4）食感や見た目、香りが味わいに影響があるのかを確認する

　食感は味わいにどう影響するのかを感じさせるため、同じ材料を使って作成した2種類のカナッペを準備し、味わった。諸感覚を働かせながら味わうとどう感じたか、学習カードに記入し、発表した。個人では味や舌触りのみに注目をしている児童も、クラス全体で共有をすることにより、見た目の美しさや食感、香りなどが、おいしいと感じる理由であることに気付き、理解を促進した。

（5）授業後の様子

　翌日の日記には、味の種類についてや味わって食べた感想、食材や料理についての興味、共食の楽しさ・うれしさ、苦手なものについても味わいたいという意欲などが書かれていた。また、給食時間中も諸感覚を使い味わっており、

「これって甘みだよね」「もっちりしていておいしいね」などと食感や味について会話をしている様子が見られ、学校給食の残食量も減少した。給食だけではなく、家庭での食事も味わって食べている様子が、日記から読み取れた。

`12/9(火) 〈食育のふり返り〉 〈給食〉私は、今日の食育のじゅ業をいしきして給食を食べました。ごはんには、あまみやさんみ、しおみがありました。苦手な物もよく味わってみたらさんみやあまみがあったので、苦手な物も、これからは、よく味わってみようと思いました。 〈夕食〉夕食は、大好きなハンバーグだったので味わえば、味わうほどうまみがでているような気がしました。みそしるは、一番うまみが出ているなと思いました。食育のじゅ業を受けて、5味を知れて本当によかったです。`

`12月5日(水) 3・4時間目の味かくのじゅ業をとおしてきゅう食の時思ったことがありました。思ったことは、全部、味かくやさいにかんけいしていました。きゅう食で、思ったことは、すごい苦いおいしいみたい、しょっぱい、どうしてゴマは、苦いんだろうなどで、みんなで食べる感じうれしかったんでした。いつもよりは、すこしあじわって食べて見ました。明日、苦くて、しまってもあじわってたべてみたいですね。`

実践

子供のこえる姿が見えた瞬間

　子供の日記や普段の給食時間の様子より、授業中だけではなく、実践の場である給食時間や家での食事の中で、感覚を研ぎ澄ませて味わい、また味わい方が拡張されている姿が見られた。

4　まとめ

　この実践を通して、味覚についての知識を更新し、味わい方が拡張され、食事時間の姿が変容した。しかし、授業後1ヶ月もたつと、諸感覚を働かせながら味わって食べている様子はあまり見られなくなった。授業により意識化はできるが、自らが習慣化することは難しい。「どんな味？　どんなふうにおいしい？」などの声かけで、子ども達は「旨味だ。香りがいい。ほっとする感じ」「酸味が効いてる。シャキシャキしておいしい」と、諸感覚を使い味わうことを思い出し、味わうことができている。一度五味を意識して味わい、自分のものとしているからこそできると考えられる。習慣化していく為には、給食時間等に味わうことについての声かけをする必要がある。もちろん家庭との連携も大切である。

食育

学校給食を教材にする

　家庭の食事は、家庭環境によって様々であり、食事内容、共食の割合についても家庭によって大きく違う。しかし、学校給食は基本的に同じ献立を一緒に食べている。

　漠然と○○の味について考えるのではなく、実際に全員が同じものを食べた学校給食を教材にすることは、味つけ、食感、温度、彩り、香り、音、そして作り手の心など、その献立からどんなことを感じるのか、意見を共有したり、比較したりすることを容易にする。

　そのため、食育では、学校給食が生きた教材になるように献立を立てることが重要である。主食・主菜・副菜・汁物をそろえ、旬の食材や地場産物を使用し、様々な調理法、味わいを大切にする。食文化の継承や、和食についてなど配慮し、食事の見本となるような献立を組み立てる必要がある。

　また、授業後は、振り返りの場としても、給食の時間は重要である。味覚は、多くの経験を積み重ね、本物の味を覚えることによって鍛えられ、成長していくものである。出汁を丁寧にとる学校給食だからこそ味わうことができる

旨味を味わい、一緒に食事をする相手が必ずいる給食の場で、食についての会話を楽しみ、いろいろな感じ方があることに気が付き、味覚の知識と味わう楽しさだけではなく、誰かと一緒に食事を食べることは楽しいことを実感できる。

実感を伴う体験活動を取り入れる

　本実践において、五味の要素を知るためには、頭の中で考えるだけではなく、体験的に行うことが重要である。実感を伴う活動は、感覚を研ぎ澄まさせ、味とそれに合う言葉をより慎重に探し出す。

　その際、食物アレルギーの児童に配慮し、アレルゲンとなる食品を使用せず、クラスの全ての児童が同じものを食べられるような食材を選ぶことが大切である。

　諸感覚（鼻）を使って味わう場面では、干しぶどうを使い、香りと味が密接な関係にあることを実感させた。鼻をつまみ、干しぶどうを口に入れ5回噛んでからつまんでいた手を離させた。「味が濃くなった！」「すごい」など多くのつぶやきがあり、実感を伴った驚きがあった。普段の食生活を思い浮かべ「苦手なものも鼻をつまめば食べられるかな」などの声もあった。ほとんどの児童は、普段の食事場面では、味わいを意識せずに食事をしている。どのように意識をしたらよいのか分からないのかもしれない。授業の中で、五味を知り、実感を伴う活動を諸感覚を研ぎ澄ませて行うことで、気付くことや感じること、一緒に学習する他者から学ぶことも多い。

食育

第 3 章

小金井小学校の生活

入学式－ピカピカのなでしこ１年生！－

　桜が咲き始めた４月の初旬。本校に新たな仲間たちが入学してきます。少し緊張した面持ちの新１年生を６年生が玄関で迎え入れ、教室へと手をつないで誘導していきます。教室では６年生が華やかに仕上げた装飾や２年生が用意した学校生活を紹介する掲示物が新１年生を迎えてくれます。式が始まるまで教室では、６年生が絵本の読み聞かせ等をしてくれます。このときには緊張していた新１年生もニコニコと笑顔を見せてくれます。

　さて式が始まります。担任の先生を先頭に体育館に入場していきます。体育館へ入ると上級生が演奏する「さくら」が入学式の厳かな雰囲気をつくり出し、再び新１年生が緊張した表情になります。

　そしてこのとき、緊張しているのは新１年生だけではありません。新１年生の担任の先生も緊張しています。それは担任の先生からの呼びかけで始まる点呼があるからです。小学校の入学式は、子供たちにとってはこれから長く続く学校生活のスタート。その最初の瞬間を台無しにするわけにはいきません。名前を間違えないように、はっきりした声で、一人一人の顔を見ながら……そうして呼ばれた子供たち全員の元気な返事を聞き終わって、初めてほっとすることができます。

　入学式はただ入学を祝うだけではなく、新１年生が自分のスタート地点をしっかりと心に刻みつけるための大切な機会となるのです。

（豊嶋　祐也）

みんなは、なでしこの一員だよ！
－１年生を迎える会－

　入学してから３週間。学校生活にも慣れて
きたかなという頃、本校では１年生を迎える
会が開かれます。

　当日の朝、１年生は迎えに来てくれた２年
生と手をつないで、音楽に合わせてグラウン
ドへと進みます。このときグラウンドへ入る
ところには上級生が花のアーチを持って迎え入れてくれます。それをくぐって
校舎を見ると、ベランダには「ご入学おめでとう」の看板や各学年からの歓迎
メッセージが張り出されています。全校中が、華やかに盛大に１年生の入学
を、改めてお祝いする場がこの「１年生を迎える会」なのです。１年生の顔に
は自然と笑みが浮かびます。

　「１年生を迎える会」では、上級生による「迎える言葉」や、委員会による
ゲームなどがあり、楽しい時間が過ぎていきます。最後は２年生が１年生のと
きに育てていたアサガオからとった種のプレゼントをもらいます。教室に帰っ
てから一人一人がプレゼントをもらうのですが、中には２年生からのお手紙も
添えられており、１年生はそれにも感動することになります。

　会の終わりには１年生が大きな声でお礼の挨拶をします。

　「今日は、この会を開いてくれて、ありが
とうございました！」

　本校の「１年生を迎える会」では、全校一
丸となって１年生の入学を祝います。そして
１年生もまた、なでしこの一員としての自覚
を新たにするのです。

（豊嶋　祐也）

学校給食－授業と学びをつなぐ－

　本校の給食は、学習とつながっています。

　1年生では、生活科の「がっこうたんけん」の授業で、2年生のお相手さんと一緒に給食室を食堂や外から見学します。大きな道具、たくさんの材料、給食を作ってくれている調理員さんの大変さに「大きいー！」、「いっぱいあるね。」と驚いています。他にも、学校給食で使う全校分の「そら豆のさやとり」、「とうもろこしの皮むき」を行い、食材に触れ、諸感覚を通して食べ物を知り、どのように料理されているのかを見ます。そして実際に給食で味わい、豊かに食を楽しみ、さらに作ってくれている方への感謝の気持ちも育んでいます。また、マナー面では、特別活動の授業で「箸の持ち方」について学び、家庭と連携をしながら、美しい箸使いや食事のマナーについて考えて練習します。給食の時間は、練習した箸使いの実践の場です。

　2年生では、給食の栄養三色分けからバランスのよい食事について学び、3年生では、「味覚の学習」で五味を味わい、給食で味を確かめます。6年生になると、家庭科の授業で、子供たち一人一人が「なでしこ給食献立」と題して、一食分の献立をたてます。その中から6献立が実際に学校給食に登場します。献立を立てることの難しさ、楽しさ、そして実際に給食に出てきたときの喜びとドキドキは一生忘れられないのではないでしょうか。　　　（横山 英吏子）

一宇荘生活－閑かさの中で仲間とパワーアップ－

　一宇荘生活の始まりは、本校の前身であ
る豊島師範附属小学校の時代に遡ります。
昭和9年に至楽荘（千葉県勝浦市鵜原湾）、
同11年に成美荘（東京都東久留米市）が
建てられ、一宇荘は昭和14年、神奈川県
南足柄市箱根町の駒ヶ岳山麓に建設されま
した。これが、いわゆる「三荘生活」のスタートです。その後、箱根が観光地
として賑わい始めた昭和43年、新しい荘が長野県茅野市に建て替えられ、一
宇荘生活が再スタートしました。

　一宇荘では登山や食事づくり、テーマ別自然調べ活動に取り組みます。テー
マ別自然調べ活動では、子供たちが追究したいテーマを決め、同じテーマを設
定した子供同士がグループをつくり、テーマについて協力して調べるというも
のです。調べる対象は、土、岩石、植物、動物、昆虫等で、子供たちは「一宇
荘周辺は小金井小周辺よりも自然が豊か」という先入観のもとに活動に取り組
みます。しかし、実際に調べてみると、子供たちは小金井小周辺と一宇荘周辺
には共通する生物が多く生息していることに気付いたり、小金井小周辺にも豊
かな自然が残されていることを再発見したりすることになります。一宇荘生活

終了後、子供たちは体育館に保護者を招い
て、ポスター発表を行います。3年間継続し
て発表を聞いた保護者は、荘生活を通した子
供の成長を実感するとともに、本校教育への
認識を深めてくださっています。

（小野田　雄介）

校内研究－子供の学びの姿を通しての具現化－

本校の校内研究の大きな柱は、各教科領域部の授業研究にあります。そこで、全体研究主題を受けながら、各教科領域部での検討を重ねて各部の研究主題を設定し、授業中の子供の姿を通して具現化を図っています。研究の視点や教材・指導法の開発なども各教科領域部が中心となって進めていきますが、校内研究会や研究授業後の協議会では教科領域を超えて、毎回熱い議論が展開されています。

研究授業では、各教科領域部が主体となって授業提案を行います。そして、子供たちの学びの姿を参観者はこまやかに見取り、協議会でその見取りをもとにした意見を交わすことで授業提案に対する成果と課題を明らかにしていきます。研究授業は毎年6回程度ありますが、研究発表会を開催する年は全教科で行うことを原則としています。また、研究授業者以外の教員も部内授業を行います。お互いに授業を見合い研鑽する場を豊富に設けることで、授業実践力を高め合っています。

夏休み中の8月下旬には、3日間の夏の研究会を実施しています。ここでは、教育実践研究の分野で著名な大学教員などを外部講師として招いて講演していただくなど、個々の研究に対する基本的な見識を高める場となっています。深めてきた研究成果は、3年に一度の研究発表会を通じて、広く公開しています。

(小野田 雄介)

なでしこ図書館－豊かな学びの場－

本校の学校図書館である「なでしこ図書館」は、1階の玄関を入って程近くにあります。蔵書スペースと読書スペース、読み聞かせ等ができる多目的室で構成されており、3教室分の広さになります。約22,000冊の蔵書を司書教諭と図書委員会担当教諭のもと、コンピュータ管理しており、図書委員を介して貸し出し・返却を行います。業間休みの時間も自由に貸し出しができ、カウンターには長蛇の列ができています。

図書委員会は蔵書の整理の他、11月の読書月間には全校集会で本の歴史や豆知識を紹介したり、日本十進分類法の歌を歌ったりします。また、「お話献立」として絵本などのお話に出てくる料理を募集し、学校給食の献立メニューに入れてもらったりするなど、全校の子供たちが本と親しめるよう、工夫して活動しています。

全学年、週に1時間「図書の時間」が割り当てられています。学年に応じて読み聞かせやブックトークをしたり、「目次と索引」や「日本十進分類法」の指導、図鑑や辞典の仕組みや使い方、新聞、雑誌、参考図書、データベースなどの調べ方など、授業にも役立つメディアの提供、支援を行います。図書が様々な教科と結びついて、子供たちが新たな知を創る「こえる学び」を実現する場を設定しているのです。

本校では、保護者有志による図書館ボランティアとともに図書館環境の整備・充実に努め、子供や教員のリクエスト本や新刊本を適時購入しています。なでしこ図書館は、これからも生きた学習環境を子供たちへ提供し、豊かな読書生活と学習活動を支援していきます。

（豊嶋 祐也）

至楽荘生活－大海原でなでしこパワー全開－

　至楽荘生活が千葉県勝浦市の鵜原湾で始まったのは昭和9年。当時の校長だった成田千里先生（豊島師範学校長兼任）が「天下の英才を集めて之を教育するは天下の至楽なり」という教育理念を掲げ、至楽荘での宿泊生活において全人的な教育を行ったのが始まりです。昭和9年以降、至楽荘生活が実施できなかった年は、子供が疎開して東京にいなかった昭和20年の夏だけです。成田先生が掲げた至楽荘生活による全人的な教育は現在まで脈々と受け継がれているのです。

　全人的な教育を目指しているため、生活では水泳練習だけではなく、国語では詩や俳句づくり、社会では房総の地理や歴史、理科では地層や星の学習等が、一日の時程に位置付いています。

　遠泳では、5年生が500mを15分程度で泳ぎ、6年生は約30分をかけて1000mの遠泳を行います。波や潮の流れに負けることなく泳ぎ切ることに加えて、まわりに気を配り仲間と協力し、隊列を乱すことなく整えながら泳ぐことも課題となります。このような遠泳を通して子供たちは自分自身と向き合い、ときにはまわりにいる友達を励ます内面の強さや他者意識を身に付けていきます。一生懸命に遠泳をやり遂げようとする子供たちの姿に加えて、友達の遠泳を応援する姿も見ることができます。その際、自分や友達を鼓舞する「エーイ！コーラ！」という掛け声が鵜原湾中に響き渡ります。高学年の子供たちは、一宇荘と至楽荘での生活を乗り越えることで、教育目標の一つである「強くたくましい子」になることができるのです。

（豊嶋　祐也）

教育実習－緊張と感動あふれる素敵な出会い－

　本校を含めた附属学校の目的の一つに、「教育研究に基づいて教育実習生を指導する教育実習校としての役割」があります。そのため、年3回、計8週間にわたる教育実習があり、毎年約150名の教育実習生がやってきます。子供たちは「今年はどんな先生が来るのかなぁ」と毎年心待ちにしています。

　どのクラスも一度に5～6名の教育実習生が配当になり、休み時間になると子供たちは「先生、バスケしよう！」「先生も長なわ一緒に入って跳ぼうよ！」と教育実習生を遊びに誘う争奪戦が始まります。実習期間の休み時間は、教育実習生と遊ぶ子供たちの声がいつにも増して響き、汗びっしょりになって笑顔いっぱいで教室に戻ってくる姿が見られます。

　そして、教育実習といえばやはり授業実践です。前日遅くまで教材研究をし、検討に検討を重ねた学習指導案をもとに、子供たちの前に立ち授業に臨みます。笑顔を心がけても、やはり緊張で何だか顔が引きつってしまいます。いざ授業が始まると、子供たちに発問や指示がうまく伝わらず慌てふためいてしまったり、思いもよらない発言に頭が真っ白になってたたずんでしまったりすることも……。

　全力で熱意あふれる先生方と出会える教育実習は、子供たちにとっても、小金井小にとっても大きな財産となっています。

（小野田 雄介）

みんなの保健室

本校の保健室は教室と同じくらいの広さで、ベッドや救急処置コーナーの他、ソファや個別の相談スペースなどがあります。保健室では、けがや体調不良の利用だけで年間2,000件を超える賑わいぶりです。その他に、学校生活や家庭での悩みを相談に来る子、気分転換にお話をしにくる子、身長や視

教室と同じ広さの保健室

力を測定する子、たくさんあるビオトープで生き物観察のつもりが、水中の生き物を捕ろうとして、落ちてしまう子（そんなときは、保健室にある予備の制服に着替えます）……いろいろな理由で、毎日たくさんの子たちが訪れます。どうしてこんなに来室が多いのかと心配するかもしれませんが、子供たちは学校生活の中で、学習にも遊びにも一生懸命なだけなのです。つい頑張りすぎたり、夢中で楽しんだりした結果なので、子供たちのエネルギーに頼もしさを感じます。さらに、たまたま居合わせた、学年やクラスが違う子同士が、ちょっとしたきっかけで仲良くなったり、上級生が下級生に「○○してみたら？」と、アドバイスをしたりする素敵な出会いの場になることもあります。

にこにこルーム

困り事を抱えた子供たちの相談は、保健室だけではなく、スクールカウンセラーの先生、用務主事さん、保健室の近くにある「にこにこルーム」という部屋にいる東京学芸大学の大学生や大学院生の方々がサポーターとして担って、子供たちの心身の健康を支えています。　　　（佐藤 牧子）

三色対抗のなでしこ運動会

　本校運動会の最大の特色は、三色対抗にあります。1組が赤、2組が青、3組が黄の3色に分かれ、各クラスが学年の枠を越えて一致団結し、優勝を目指します。

　子供たちが出場する種目は、かけっこ・短距離走、団体競技、団体演技の3種目です。かけっこ・短距離走は、1年生が40m、2年生が50m、3・4年生が80m、5・6年生が100mと発達段階によって距離を変え、2年生以上が得点種目となります。1・2年生は直走路、3年生以上は曲走路を走ります。1年生は自分のコースをまっすぐ走ることさえ難しいのですが、高学年になると内側に体を傾けてカーブを走れるようになります。

　団体競技は、原則として1年生が「玉入れ」、2年生が「大玉ころがし」、3年生が「台風の目」、4年生が「棒引き」、5・6年生が男女別の「騎馬戦」を行います。細かいルールの変更はあるものの、毎年同じ種目を扱っているので、子供たちは見通しをもって取り組むことができます。

　団体演技は、6年生は毎年「組体操」を行っていますが、他の学年は発達段階を考慮し、民舞・ダンスなどバラエティに富んだものになるように全体で調整し、特色や個性を大いに発揮できるよう工夫しています。

　本校の運動会では、5・6年生全員が係活動として役割を担い、企画や運営に携わっています。責任をもって主体的に活動する姿は、運動会を陰で支えるだけでなく、下級生の手本となっています。

（塚本 博則）

観て聴いて感動するなでしこ展覧会・音楽会

なでしこ展覧会と音楽会は、それぞれ3年に一度開催されます。

展覧会では、体育館がミュージアムと化し、全校児童共通のテーマのもと、図画工作科や家庭科などの授業で制作した作品を展示します。作品を通して、鑑賞する方へ何を伝えるか、工夫したところなども想像してもらえるよう、そのプロセスも展示に表現します。装飾された体育館は、普段は見ることができない子供たちの思いが詰まった空間となります。

音楽会では、1年生から6年生までの学年ごとに合奏や合唱を行います。1日目が児童鑑賞日、2日目が保護者鑑賞日と分けています。どの学年も演奏者としての思い、自分たちが解釈した音楽を聴き手に伝えたいという思いをもって発表に臨んでいます。

各学年が取り組んできた合奏や合唱には、それぞれの学年の長所や成長過程が見られます。低学年は小さな体で元気いっぱいのかわいらしさ、音に合わせた手遊びに、大人も童心に返って、思わず一緒に手を動かしてしまいます。中学年は声量も上がり、学年の調和を意識して演奏し、高学年は聴き手を意識したハーモニーを奏で、観客から割れんばかりの拍手が鳴り響き、感動の涙も見られます。　　　　（塚本 博則）

成長した姿を見せる卒業証書授与式

本校の卒業証書授与式は、儀式的行事として厳粛な雰囲気の中で行います。卒業生とともに、在校生代表として5年生が全員参加します。1〜4年生は、各学年の児童を代表して1名が参加します。

最大の見せ場である卒業証書授与では、一人一人が担任から呼名され、大きな声で返事をした後、学校長から卒業証書を授与されます。お世話になった教職員や育ててくださったご家族の方々への感謝の気持ちと6年間の成長した姿を見せようと、とても真剣な表情で臨みます。

在校生を代表して参加する児童も緊張感をもって式に臨みます。特に5年生は、卒業生を祝福しようと式場設営から心を込めて行います。事前の合同練習では、卒業生の微動だにしない態度や呼びかけの迫力に圧倒され、一年間の成長の違いを実感します。

卒業生を送ることばと卒業のことばは、単に大きな声を出すのではなく、全体として美しくそろえることを基本としています。言葉のリズムや強弱、発音等も含めて、言葉の意味を大切に発します。

式では、「仰げば尊し」「蛍の光」「校歌」を歌います。「仰げば尊し」を歌う学校は少なくなりましたが、感謝の心を大切にするために歌い続けています。校歌については、数ある行事の中で、唯一卒業証書授与式だけが3番まで歌います。それだけ重要な行事として位置付けています。　　　　　　（塚本 博則）

学校説明会－来たれ未来のなでしこたちよ－

　学校説明会は、毎年9月中旬、志願者の保護者を対象に実施しています。説明会の時間は約40分間で、1回目：9時30分〜、2回目：10時30分〜、3回目：11時30分〜と、3回に分けて実施しています。

　副校長による学校の概要説明は、主に①「国立大学法人の附属小学校としての特色、使命、役割」、②「めざす教育」、③「入学願書の書き方・提出」の3点です。①では、本校が教員養成系国立大学の附属学校として、教育実習生の受け入れと指導を行っていること、授業研究を中心とする教育研究を積極的に推進していること等を説明します。また、国からの予算が年々減少しているため、教育後援会である「なでしこ育成会」からの寄付がないと学校運営できないという状況についても説明しています。②では、教育目標を達成するため、至楽荘（千葉県勝浦市）と一宇荘（長野県茅野市）での宿泊生活が大切なことを説明します。教育目標の一つである「強くたくましい子」の育成は、2つの荘での生活が基盤になって具現化できています。宿泊生活の次に大切なのが、通学での安全確保です。電車やバスを利用する場合は、1年生が身の安全を確保するため、通学のきまりや公共のマナーを身に付け実践していくことが求められます。そのため本校では、入学後の1ヶ月間、1年生は保護者とともに通学（登校と下校）を行い、通学のきまりや公共のマナーを保護者から徹底的に教え込んでもらうようにしています。

（関田　義博）

入学調査－「子供らしさ」を大切に－

　入学調査は毎年 11 月末〜 12 月初めに行われ、志願者は 2 日間来校して調査に臨みます。私たちは、以下のような子供を望んで調査を行っています。

○　生活習慣を身につけている子　　○　自分で考えて行動する子
○　作業をていねいに行う子　　　　○　やわらかく発想する子
○　人の話をしっかり聞く子

本校では、「子供らしさ」という、子供にしかない価値も大切にしています。子供らしさとは、明るく活発で、原っぱや野山を泥んこになりながら走り回るような姿と考えます。また、9 月中頃に行う学校説明会では、望む子供の姿とともに、本校の教育についても説明させていただいています。

　募集する児童数は 105 名ですが、志願者数は毎年 1000 名前後のため（本年度は 1005 名）、調査による選抜は容易なことではありません。限られた数の教員が、限られた時間の中で、上述した事項を念頭に置き、各調査室において精一杯努力をして志願者と向き合うようにしています。短い時間ではありますが、保護者の方々にとって大切なお子さんをお預かりするので、けがなどないよう十分な配慮をしています。2 日間の調査が全て終了すると、私たちは調査結果を総合的に判断して、合格者を厳正に決定するようにしています。来年度も、教職員一同、たくさんのご応募をお待ちしています。　　　　（関田 義博）

「こえる学び」を生む学習環境デザインを追究して

1. 「こえる学び」で伝えたかったこと

　私たちは、3年間「こえる学び」を探究してきた。簡単に答えが見つかる問題ではなかった。多くの学校では、校内研究は、その学校の子供の実態や社会的な背景を基にして、教師集団が話し合って、研究主題が決まる。本校も、研究主題ありきではなく、子供の実態ありきで研究主題が決まった。それは、1年目の夏の研究会だったと記憶している。

　社会的な背景に目を移すと、様々な背景があるが、とりわけ昨今の教育界においては、学習指導要領の改訂、または、附属学校の存在意義という課題と向き合わないわけにはいかないだろうと認識していた。それは、私たちの研究や授業が汎用性のあるものでなければ意味をもたないという指摘にも思えた。そのような問題意識から、研究主題が決まった夏の研究会から1年ほど、副題にあたる言葉を試行錯誤していた。「子供が自覚する学び」であったり、「学び続ける子」であったりと、理想とする学びや子供の具体像を思い浮かべていた。結局、副題は設けずに、「こえる学び」を生むための学習環境のデザインという研究の骨格部分を確立することを優先した。それが、研究の視点である「没頭」「実践」「往還」という学習環境をデザインすることであった。

　3年間の研究が始まってから、1年半になろうという時期であったが、右のように、研究を図示することができた【図1】。

【図1】「こえる学び」と学習環境デザイン

　本校では、学級担任制ではあるが、教師一人ひとりの教科の専門性を重視している。したがって、教科に応じて「こえる」イメージが異なった。そこを無理に統一するよりも、教科によって異なった「こえる学び」があっていいだろう、いや、授業によっても多様な「こえる学び」があっていいと考えた。

「創造」「改変」「拡張」「更新」「変容」「成長」等という、子供の「こえる学び」像は、教科指導を超えて、一人ひとりの子供に、その授業でどのような学びをしてほしいのかという教師の思いの表出につながった。その思いを、授業づくりのコンセプトとして表すようになった。本著において、単元名の下にある一文がそれである。コンセプトは、前研究から続いている営みである。コンセプトが、授業をする側の意識を明確にすると同時に、授業を観る側の子供の学びを見る目を肥えさせた。なぜならば、授業者のコンセプトを具現化するのが教師ではなく、子供たちだからである。

本著の冒頭で、「私たち教師は、その授業の中にある子供の学びにしっかりと目を向けて見なければ、子供が「こえる学び」は見ることができない。」（p.8）と結んだ。そして、本稿の冒頭に、「私たちの研究や授業が汎用性のあるものでなければ意味をもたない」という自覚をもって研究を進めてきたことも述べた。私たちの「こえる学び」で伝えたかったことは、観て読んですぐにまねができる「即効的」汎用性ではない。子供の学びから学ぶという教師の構え、子供の学びから授業を語る教師の姿勢という「不変的」汎用性であるということを、ここに記して終わりたい。

2. おわりに

本研究をまとめるにあたり、3年間の研究を振り返ることができた。夏の研究会は、校内研究における大小様々な課題を乗り越える貴重な機会であった。ご講演賜った、石井英真先生、無藤隆先生、鹿毛雅治先生、守屋淳先生、松村真宏先生、高垣マユミ先生（講演年順、肩書省略）には、深謝申し上げる。また、研究授業では、各教科からご専門の先生をお招きしてご指導を賜った。講師の先生方には、各教科の専門的・本質的な講話と共に、「こえる学び」という抽象的な研究主題に対して、大変ご示唆に富んだ話を拝聴することができた。厚く御礼申し上げる。

本校の研究は、3年で一度区切りを打ち、新たな研究へと踏み出すというスタイルが続いている。「「こえる学び」を生む学習環境デザインの追究」という実践から得られた理論が、子供たちとの日々の小さな実践に生かされることが、最良の研究成果となる。

（成家 雅史）

おわりに

副校長　関田　義博

　今年度は、「『こえる学び』を生む学習環境デザイン研究」というテーマの設定から3年が経過し、研究のゴールを迎えることとなりました。そこで、3年間の研究成果をまとめ、本冊子を発行することで、これまでの道程とゴールの先に見えてきたものを皆様に提示させていただく運びとなりました。

　ところで、「国立教員養成大学・学部、大学院、附属学校の改革に関する有識者会議報告書」が公表されてから、約2年半が経過しました。報告書には、国立大学附属学校の在り方や役割を見直すべき課題として、「国立大学附属学校は、地域のモデル校としての役割が期待される一方、一般に入学者選考を行い、地域の公立学校とは児童・生徒の構成が異なっているために地域のモデル校にはなり得ないとの意見もあり、入学者選考の実施方法を含む国立大学附属学校の在り方や役割を改めて見直すことが必要である」といった内容が盛り込まれていました。また、研究については「研究成果を校内にとどめることなく、地域公立学校等にもっと還元できる汎用性の高いものにすべき」といった指摘がなされました。

　本研究を遂行するにあたっては、有識者会議の報告を踏まえつつ、現代の子供たちが直面する以下のような教育課題も視野に入れ、授業研究を進めてまいりました。

◎子供の個性、特性等に応じたICT機器の有効活用と活用による効果の
　検証
◎都市化の拡大等に伴う子供の自然体験の減少や、効率を最優先しようと
　する大人社会の変容等により、子供が豊かな感性や子供らしさを失いつ
　つあるという状況と向き合うこと

　子供たちは、無意識のうちに、学びにおいて獲得した新たな知見や概念を、

その後の学びや生き方に反映させています。つまり「こえる学び」とは、子供が既にかけられている足場をうまく利用したり自分自身で新たな足場かけをしたりしながら、日々実践できていることでもあると考えます。そのような取り組みを支援すべき私たちは、子供一人一人の学びの過程にどれだけ効果的に介入できるか、学びを主体的に深められる子供をいかに増やしていけるかなどを課題として、学習環境デザインを工夫しつつ授業研究を進めてまいりました。

2020年1月25日の研究発表会にご参観いただいた先生方には、公開授業の成果及び改善点、新たに得られた知見等をそれぞれの学校等にお持ち帰りいただき、ご自身の実践等にご活用いただけたら幸いに存じます。授業づくりにおける地道な取り組みや地域教育協議会等とのネットワークの構築は、今後も本校の基幹の取り組みとして継続してまいりたいと考えます。

なお、最後となりましたが、この3年間にわたる研究を進めるにあたり、貴重なご指導、ご助言をしてくださった皆様方に厚く感謝、御礼を申し上げます。

執筆者一覧

校長	鈴木　明哲			
副校長	関田　義博			
主幹教諭	塚本　博則			

国語科	大塚健太郎	小野田雄介	鈴木　秀樹	成家　雅史
社会科	岸野　存宏	根本　徹	牧岡　俊夫	
算数科	加固希支男	田中　英海	中村　真也	
理　科	葛貫　裕介	三井　寿哉		
生活科	齊藤　和貴	富山　正人		
音楽科	白間　雅裕			
図画工作科	守屋　建			
家庭科	西岡　里奈			
体育科	今井　茂樹	佐々木賢治	豊嶋　祐也	濵田　信哉
	佐藤　牧子（養護教諭）			
英語活動	中村　香			
食　育	横山英吏子（栄養教諭）			

研究助言者	秋田喜代美（東京大学大学院 教授）

子供がこえる学び

2020（令和2）年 1 月 25 日　初版第 1 刷発行

編著者：東京学芸大学附属小金井小学校
発行者：錦織圭之介
発行所：株式会社 東洋館出版社
　　　　〒113-0021　東京都文京区本駒込 5-16-7
　　　　営業部　TEL 03-3823-9206／FAX 03-3823-9208
　　　　編集部　TEL 03-3823-9207／FAX 03-3823-9209
　　　　振　替　00180-7-96823
　　　　Ｕ Ｒ Ｌ　http://www.toyokan.co.jp

装　　丁：mika
印刷・製本：藤原印刷株式会社

ISBN978-4-491-03974-9
Printed in Japan